Couverture inférieure manquante

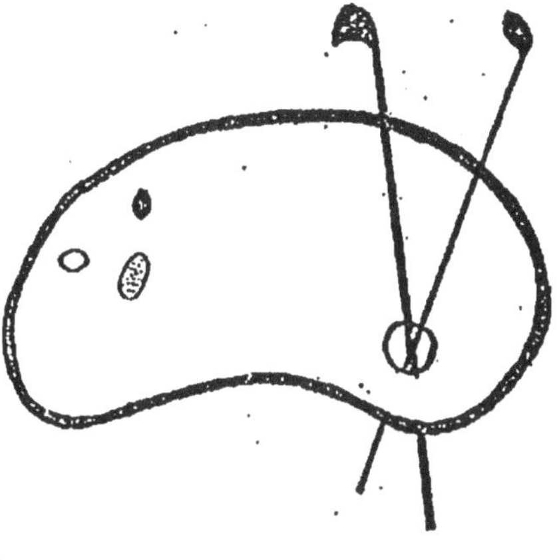

ORIGINAL EN COULEUR
NF Z 43-120-8

LA
MUTUALITÉ COMMERCIALE

COMPTE-RENDU

DE LA

DIX-HUITIÈME ASSEMBLÉE GÉNÉRALE

Qui a eu lieu le 16 Mars 1883

Au Grand-Orient de France, rue Cadet, 16

Présidence d'honneur de **M. PAUL BERT**, Député

Ancien Ministre de l'Instruction Publique

Conférence par **M. JOSEPH FABRE**, Député

SIÈGE SOCIAL : RUE DE LA BANQUE, 5

Ouvert tous les jours non fériés, de 9 heures du matin
à 5 heures du soir

LA
MUTUALITÉ COMMERCIALE

COMPTE-RENDU

DE LA

DIX-HUITIÈME ASSEMBLÉE GÉNÉRALE

Qui a eu lieu le 16 Mars 1883

au Grand-Orient de France, rue Cadet, 16

PRÉSIDENCE D'HONNEUR DE M. PAUL BERT, Député
Ancien Ministre de l'Instruction publique

CONFÉRENCE PAR M. JOSEPH FABRE, Député

SIÈGE SOCIAL : RUE DE LA BANQUE, 5
Ouvert tous les jours non fériés, de 9 heures du matin
à 5 heures du soir.

*La Bibliothèque est ouverte tous les jours non fériés,
de 10 heures du matin à 5 heures.*

MEMBRES DU COMITÉ

EXERCICE 1882.

PRÉSIDENT

MM.

Thézard, Gaston — Maison Marcilhacy, Arbelot et C⁰

VICE-PRÉSIDENTS

Durignloux, Jules — 5, rue Je la Fidélité.
Tocquelin, Auguste — Maison Edolin.

TRÉSORIER

Bochot, Simon — Maison Guyon et Hélein.

TRÉSORIER-ADJOINT

Jouy, Achille — 37, boulevard Saint-Martin.

SECRÉTAIRES

Dubasty, Joseph — Maison des Fabriques de France.
Freyermouth, Célestin — 20, rue du Sentier.
David, Augustin — Maison Neveu.
Louchart, Jules — — Lefrère.

MEMBRES

Salvan, Edmond — Maison de la Ville de Paris.
Leduc, Emile — — Tissier Bourrely et Cie.
Chardin, Joseph — — de la place Clichy.
Trouvé, Edouard — — du Louvre
Duché, Auguste — 10, rue Bonaparte.
Martin, Julien — Maison E. Croix.
Malécot, André — 1, rue Paul-Lelong.
Tardieu, Théodore — Maison de la Nouvelle-Héloïse.
Double, Camille — — du Bon-Marché.
Lote, Félix — — des Fabriques-des-Vosges.
Lajouanie, Paul — — des Filles-du-Calvaire.
Jacquinot, Adolphe — — Maurice-Bauer.
Monnier, Eugène — — du Marché-Lenoir.
Hannkiewicz, Alexandre — — Cuisin.
Rougé, Léon — — du Petit-Saint-Thomas.
Asselbourg, Victor — — P. Leclerc.
Bruyant, Henri — — du Printemps.
Philippe, Charles — — du Louvre.
Vitel, Achille — — Vitel et Cie.
Ponge, Gaston — — A. Gombrich et fils.
Drougnot, Paul — — Mittler aîné.
Chevalier, Auguste — 7, Faubourg-Montmartre
Moncel, Paul — Maison de Pygmalion.
Chauvin, Léopold — — Labbey et Cie

LA
MUTUALITÉ COMMERCIALE

COMPTE-RENDU

DE LA

DIX-HUITIÈME ASSEMBLÉE GÉNÉRALE

Qui a eu lieu le 16 Mars 1883

Présidence d'honneur de M. PAUL BERT, député, ancien Ministre de l'Instruction publique

CONFÉRENCE PAR M. JOSEPH FABRE, DÉPUTÉ

PRÉSIDENCE DE M. G. THÉZARD, PRÉSIDENT.

Sont au bureau : MM. Durignieux et Cocquelin, *vice-présidents* ; Bochot, *trésorier* ; Freyermouth, *secrétaire*.

Sont présents : MM. David et Louchart, *secrétaires* ; Salvan, Chardin, Trouvé, Malécot, Double, Lolo, Lajouanie, Jacquinot, Monnier, Asselbourg, Philippe, Vitel, Ponge, Breugnot, Chevalier, Chauvin, Brenot, Jolly et Delille, *membres du comité* ;

M. le docteur Duhomme, *médecin en chef* ; MM. Donadieu, Peraté, *médecins titulaires de la Société* ; M. Créquy, *médecin consultant de la Société*.

MM. Marcilhacy, *secrétaire de la Chambre de commerce, ex-vice-président, membre fondateur-protecteur de la Société* ; J. Bourdoux, *ex-président de la Société* ; Eugène Pitou et G. Guillemot, *membres d'honneur de la Société*.

MM. Schneider, *ex-vice-président de la Société* ; E. Porché, A. Burel, *ex-trésoriers de la Société.*

Parmi les membres honoraires qui assistent à la séance, nous remarquons : MM. Ricois, O. Triquet, Tharel, Baron, Pillet, Léon Révillon, Léon Balliman, Dulieu, Emile Balliman, Caillet, Frette, J. Normand et Théodore Roche.

Plusieurs pharmaciens et fournisseurs de la Société, ainsi que MM. Talle, directeur de l'hôpital Lariboisière ; Mussat, professeur à l'école de Grignon ; Limousin, Sartiaux et un grand nombre de négociants sont également présents.

M. Moride, sténographe de la Chambre des députés, et des représentants de la presse, occupent les places qui leur ont été réservées. Nous remarquons également M. le président de l'*Union du commerce*, M. le vice-président de la *Société des comptables*, ainsi que plusieurs administrateurs de ces Sociétés et de la *Prévoyance commerciale.*

1,500 Sociétaires, dont beaucoup de dames, sont présents.

La séance est ouverte à 9 heures 45 minutes.

M. G. Thézard, *président* :

Mesdames, Messieurs,

« Conformément aux articles 16 à 20 des statuts, vous avez été régulièrement convoqués en Assemblée générale ; vous pouvez donc délibérer valablement.

« Au nom de la *Mutualité commerciale*, je remercie les deux éminents députés, MM. Paul Bert et Joseph Fabre, qui ont bien voulu se rendre à notre invitation. »

M. Freyermouth, *secrétaire*, donne lecture du procès-verbal de la dernière Assemblée générale.

Personne ne demandant la parole sur ce procès-verbal, il est adopté.

M. le Ministre de l'Intérieur ; M. le Ministre des Affaires étrangères ; M. le Ministre de la Guerre ; M. le Ministre de la Marine et des Colonies : M. Hérisson, Ministre du Commerce ; M. Margue, sous-secrétaire d'Etat au Ministère de l'Intérieur ; M. Baïhaut, sous-secrétaire d'Etat au Ministère des Travaux publics ; M. Bozérian, sénateur, membre du Conseil judiciaire ; M. E. Deschanel, sénateur ; M. Jules Simon, sénateur, membres d'honneur de la Société ; M. Laurent Pichat, sénateur ; M. Henri Brisson, président de la Chambre des députés ; M. A. Madier de Montjau, questeur de la Chambre des députés ; M. Floquet, député, membre d'honneur de la Société ; MM. Frédéric Passy, de Hérédia, Allain-Targé, Saint-Martin (Vaucluse), Hippolyte Maze, Félix Faure, Boysset, Ferdinand Dreyfus, députés ; Maza, membre du Conseil judiciaire ; Henri de Lapommeraye, Melchissédec, membres d'honneur ; M. Emile Noël, secrétaire particulier du Ministre de l'Intérieur ; M. Charles Richard, président du syndicat des Sociétés de secours mutuels de la ville de Reims ; MM. Jouy et Dubasty, *membres du comité*, s'excusent par lettres de ne pouvoir assister à la séance.

M. Durignieux, *vice-président*, ayant la parole pour exposer la situation morale et financière de la *Mutualité commerciale* pendant l'année 1882, lit le rapport suivant :

Mesdames, Messieurs, Chers Collègues,

Désigné par les membres du Comité pour vous présenter la situation morale et financière de notre Société pendant l'année 1882, je viens en leur nom m'acquitter de cette tâche.

Investis par vos suffrages du mandat, que nous avons librement accepté, de gérer la *Mutualité commerciale*, nous devons vous rendre compte de la façon dont nous avons compris vos intérêts. Puisse notre conduite obtenir l'approbation de tous !

Notre Société comptait au 31 décembre 1881   2.339 membres.

Il a été admis pendant l'année :

Membre fondateur-protecteur.	1
Id. honoraires.	10
Id. participants.	676
Formant un total de	3.026 sociétaires.

Mais nous avons à déduire :

Pour décès	25
Pour démissions	199
Pour radiations	399
Pour exclusions	10
	633

L'effectif est donc, au 31 décembre 1882, de   2.393 sociétaires répartis de cette façon :

Fondateurs-protecteurs	5
Honoraires perpétuels.	4
Honoraires.	200
Participants	2.184
Total égal.	2.393

Dans ces chiffres sont compris 143 dames et 22 enfants.

Le peu d'augmentation des membres actifs est dû à l'apathie d'un trop grand nombre de nos collègues qui, trop oublieux de leurs devoirs envers la Société, se laissent souvent rayer de nos contrôles.

Dans bien des circonstances, le Comité, par philanthropie, rouvre les portes de la Mutualité, sur une nouvelle demande du sociétaire indifférent, mais nous devons vous dire que le Conseil d'Administration, devant des abus trop souvent répétés, est parfois obligé de refuser les réadmissions qui, souvent, ne sont sollicitées qu'au moment où l'on a besoin des soins de la Société.

Nous appelons de toutes nos forces l'attention des Sociétés sœurs sur ces collègues errants qui se laissent rayer, faute de paiement de cotisations, d'une association dont ils ont bénéficié, pour aller dans une autre attendre l'occasion de commettre la même indélicatesse.

Nous ne pouvons que regretter, de la part de ces sociétaires, un oubli aussi complet de la solidarité qui devrait nous unir. Pour combattre cette pernicieuse indifférence, dont la Mutualité d'ailleurs n'est pas seule à souffrir et qui exerce ses ravages sur toutes les

Sociétés philanthropiques en général, nous comptons beaucoup sur le zèle et le dévouement de nos délégués.

Ce service est aujourd'hui organisé d'une façon très régulière et ses occupants sont, nous le savons par expérience, des hommes de cœur et de dévouement, dont le zèle pour les intérêts de la *Mutualité commerciale* est indiscutable. Nous devons considérer les délégués comme les agents les plus utiles de notre Société. C'est d'eux que dépend surtout le succès d'une œuvre comme la nôtre, œuvre qui doit grandir sans bruit, par une propagande constante, faisant apprécier les bienfaits qu'elle répand et ceux, plus grands encore, qu'elle est appelée à répandre par la suite.

C'est aussi parmi les délégués du présent que nous comptons pour les administrateurs de l'avenir, car, participant d'une façon directe aux travaux d'une Société dont l'utilité n'est plus à démontrer, ils s'y intéressent progressivement, malgré tous les tracas qu'elle cause et le temps qu'elle prend.

Nous souhaitons donc que les délégués nous donnent une preuve nouvelle de leur sympathie effective pour la Mutualité, en ne fuyant pas la lutte électorale. Qu'ils sollicitent résolûment les suffrages de leurs collègues, et que leur concours, non moins généreux qu'ardent, vienne donner une nouvelle ardeur à ceux qui sont sur la brèche depuis de longues années. Ce faisant, ils obtiendront l'estime de ceux pour qui ils auront travaillé : c'est la récompense la plus douce du devoir accompli. (*Applaudissements.*)

Nos réunions de délégués, suivies aujourd'hui d'une façon si régulière, continuent toujours d'allier l'utile et l'agréable : l'utile en ce sens qu'elles initient nos collègues aux rouages administratifs de la Société, et l'agréable parce qu'elles sont toujours complétées par une intéressante causerie historique ou littéraire faite par notre ami Eugène Pitou. (*Applaudissements.*)

Nous essaierons même de développer cette idée des causeries en donnant, dans ces réunions intimes, la parole à ceux de nos collègues qui voudraient se faire inscrire et qui auraient fait parvenir à notre Président, quinze jours avant la réunion, l'indication du sujet qu'ils se proposeraient de traiter. Si cette idée est mise en pratique, nul doute qu'elle ne donne les meilleurs résultats, en faisant souvent connaître la valeur d'un délégué, que la modestie ou la timidité laissait souvent passer inaperçu. Nous sommes certains, dans tous les cas, qu'il en sortira quelque chose d'utile et de profitable pour la *Mutualité commerciale*. (*Bravos.*)

Nous arrivons à la partie la plus agréable du rapport : celle concernant les membres honoraires.

Nous avons reçu cette année, avec le titre de membre fondateur-protecteur, Madame veuve Aristide Boucicaut et Cⁱᵉ.

Les nouveaux membres honoraires sont :

MM. Guérin, pharmacien à Paris.

Ciara, ancien trésorier de la *Mutualité commerciale*, Ville de Saint-Denis.

Maurice Bauer, négociant à Paris.

Huot,   id.

Fillon,   id.

Parmentier,   id.

Théodore Roche,   id.

Figarol, pharmacien à Paris.

Réné Coïon, manufacturier à Paris.

L. Cazin, pharmacien,   id.

Votre Comité est heureux d'avoir à désigner à votre gratitude ces bienfaiteurs désintéressés. Que chacun d'eux reçoive, par notre voix et en votre nom, les remerciements les plus ardents pour le concours moral et matériel qu'ils nous prodiguent si généreusement. (*Applaudissements.*)

On dit souvent : l'exemple est contagieux; appliqué au bien, nous espérons que le proverbe ne se démentira pas et que, d'année en année, la liste de nos membres honoraires sera de plus en plus forte, pour permettre à vos administrateurs d'augmenter et d'améliorer les services de la *Mutualité commerciale*.

Pendant l'année 1882, la mort a fauché durement dans nos rangs. Ont été enlevés à l'estime de chacun de nous :

M. Roquet, membre honoraire perpétuel, dont la générosité envers notre œuvre s'est mainte fois renouvelée.

Membres honoraires :

MM. Gaildraud.
Guynet.
Siéber.
Marquerie.
Sage.

Membres participants :

MM. Edmond Sourdot.
Armand Mesnager.
Emile Panset.
Amédée Poyart.
Alphonse Genin.
Augustin Goblet.
Louis Deau.
Joseph Chaumont,
Joseph Hennequin.
François Frioux.
Georges Hocquet.
Auguste Buhot.
Félix Dlugoszewski.
Mme Adélaïde Coussot.
Emile Bouffanais.
Henri Bonne.
Georges Guyard.
J.-Marie Anthonioz.
Arsène Hermand.

Parmi les disparus dont nous venons de vous communiquer les noms, nous devons saluer une fois encore notre collègue du Comité : J.-Marie Anthonioz. Actif et dévoué à la *Mutualité commerciale*, nous regrettons sincèrenent qu'il ait été enlevé aussi vite à notre amitié et à l'affection des siens.

Au milieu de ces douleurs, nous avons la consolation de savoir que les soins que nos collègues étaient en droit d'attendre de nous leur ont été prodigués sans compter, et qu'ainsi l'amertume de leurs derniers instants a été adoucie dans la mesure du possible.

Votre Comité est heureux de constater l'exactitude des Sociétaires chargés à tour de rôle de composer la députation aux obsèques de nos collègues. Tous ont compris quel impérieux devoir c'est d'accompagner un ami à sa dernière demeure, et le petit nombre d'abstentions qui se sont produites dans le courant de l'année prouvent les sentiments de solidarité et de fraternité qui nous animent les uns envers les autres.

Une amélioration importante, qui nous préoccupait depuis longtemps et à l'étude de laquelle ont été consacrées plusieurs séances du Comité, a été réalisée cette année.

Quand un Sociétaire sortait d'une maison de santé, guéri bien entendu, mais encore affaibli par la maladie, il se trouvait presque forcé, s'il était logé dans sa maison de commerce, de reprendre ses travaux, trop durs pour son état; il en résultait bien souvent une rechute quelquefois plus grave que la maladie même. Le remède à trouver était dans une Maison de convalescence, où le Sociétaire puisse, après la maladie, recevoir dans un abri hospitalier, irréprochable au point de vue de l'air et de l'hygiène, les soins nécessaires à son rétablissement. Après bien des recherches faites aux environs de Paris, nous avons découvert ce qui nous était si utile et nous avons organisé, dans la partie la plus aérée de Neuilly, ce complément de notre service médical : aujourd'hui notre Maison de convalescence fonctionne d'une façon des plus heureuses. Jusqu'au mois de décembre dernier elle a été occupée par 11 convalescents, représentant 144 journées de séjour. Ce nouveau service n'a pas encore acquis tout son développement, car le nombre des Sociétaires augmentant, il faudra donner plus d'extension au service des convalescents. La caisse spéciale de la Maison de convalescence était à peine créée que notre corps médical, dont le dévouement n'est jamais en défaut, sanctionnait l'utilité de notre création par le versement d'une somme de 100 francs. (*Applaudissements.*)

Nous devons également signaler un don de même somme fait

par un de nos plus généreux membres honoraires : M. Léon Balliman qui, dès qu'il a connu l'installation de ce nouveau service,
y a donné de suite l'adhésion effective que nous signalons à votre
reconnaissance. (*Applaudissements.*)

Le Comité remercie une fois de plus ces généreux donateurs
pour l'intérêt continu qu'ils portent à notre œuvre.

Nous avons reçu de la plupart de nos Sociétaires ayant séjourné
plus ou moins de temps à la Maison de convalescence des lettres
très élogieuses sur la façon dont ils ont été traités. Nous aurions
voulu pouvoir vous en donner connaissance, mais nous craindrions
de vous communiquer, à tous, le désir d'y séjourner. — Néan-
moins ces lettres de félicitations ne seront pas lettres mortes,
et nous en renvoyons tous les compliments à Mme Collinet,
directrice de cette maison, qui les mérite par les soins vraiment
maternels dont elle entoure les Sociétaires de la *Mutualité commer
ciale*. (*Bravos.*)

Nous arrivons à l'exposé de la situation financière de la Société.
Il est toujours utile de faire connaissance avec les recettes, et
surtout avec les dépenses.

Nous avons reçu pour cotisations de Membres
honoraires. . . . . 6 910 »
Membres participants. . . . . 44.844 »
Droits d'entrée. . . . . 1.914 »
Droits pour frais funéraires . . . . 1.834 »
Intérêt du capital 2.266 70
Recette du neuvième concert, ... 6.644 75
Reçu pour la bibliothèque. 74 35

Notre capital qui était au 31 décembre 1881 de 44,347 fr. 10 c.
se trouve donc porté, au 31 décembre 1882, à 53,259 fr. 05 c.

Soit une augmentation de 9,911 fr. 95 c.

Nous appelons votre attention sur les dépenses faites pendant
l'exercice 1882 :

Il a été payé aux dentistes, vaccinateurs, etc. . . 677 50
Aux établissements de bains 855 75
A notre corps médical. 11.784 45
A nos pharmaciens. 11.328 75

Pendant cette même année, nos médecins ont donné 5,157 consultations et ont fait 759 visites à domicile.

Nos maisons de santé ont traité 93 malades, qui y ont séjourné 2,180 journées. Pour ce chapitre seul, les dépenses se sont élevées à la somme de 14,905 fr. 50 c.

Comme vous pourrez le vérifier, lorsque vous recevrez le présent compte-rendu, l'augmentation de notre capital (9,911 fr.) nous vient de nos recettes extraordinaires, c'est-à-dire membres honoraires, concert, etc., car, en ne comptant que les cotisations des membres actifs, nous avons encore dépensé plus de 4,000 francs que nous n'avons reçu. Cela doit être un enseignement pour vous et pour nous et nous engager, les uns et les autres, à augmenter la liste de nos bienfaiteurs.

Pendant cette année de 1882, nous avons eu à subir une épidémie de fièvre typhoïde qui a produit dans la population parisienne d'effroyables ravages. La *Mutualité commerciale* a eu son contingent de malades, et grâce au dévouement de tous nos médecins nous avons été assez heureux pour ne perdre aucun Sociétaire du fait de cette maladie. Si l'éloge de nos médecins était encore à faire, l'occasion serait excellente, mais, depuis que nous les voyons sur la brèche, nous avons tous été à même d'apprécier leur dévouement à notre Société. Le désintéressement avec lequel ils ne cessent de coopérer à notre œuvre nous est un sûr garant de l'intérêt qu'ils lui portent. Aussi adressons-nous à M. le docteur Duhomme, notre très estimé médecin en chef, l'assurance de notre plus vive reconnaissance pour la façon dont il a su organiser ce service, qui est le plus important de notre Société. (*Bravos répétés.*)

Notre neuvième concert a obtenu le succès des précédents, au point de vue artistique, mais le résultat financier a été meilleur que celui de l'année dernière. Le programme était, du reste, des plus attrayants, tant par la composition des artistes que par la variété des œuvres qu'ils ont interprétées.

Citons Mlles Reichemberg et Baretta, de la Comédie-Française, très applaudies toutes deux, l'une, dans une poésie délicieusement détaillée, l'autre, dans une ravissante comédie intitulée : *A la porte*, et jouée avec beaucoup de verve et d'entrain par M. Guillemot, du Gymnase, qui lui donnait la réplique. M. Coquelin aîné, dans *la Chasse*, a été désopilant, comme toujours, et M. Worms admirable diseur. — *Un Mari qui pleure*, autre comédie en un acte, dont le titre est beaucoup moins gai que la pièce, a remporté un succès de rire bien mérité. Cette comédie a été jouée d'une façon remarquable par Mmes Josset, Darmand, Gennetier, et par MM. Guillemot et Gœury, du théâtre du Gymnase. M. Charelli, de l'Opéra-Comique, très applaudi dans la romance de *Martha* et l'air de *Mignon*. M. Ed. Nadaud, un violoniste à l'archet magistral, a obtenu un grand et légitime succès dans une fantaisie sur *le Trouvère* et dans la *Polonaise*, de Vieuxtemps. L'inimitable Mlle Bonnaire, de l'Eldorado, a provoqué un fou rire avec deux des plus originales chansons de son répertoire. Une autre étoile de l'Eldorado, Mlle Juana, a fait applaudir sa belle voix dans une populaire composition de Métra, *les Volontaires*, et dans une *Chanson andalouse* pleine de couleur. *(Applaudissements.)*

Pour clore la liste des artistes qui ont contribué à l'éclat de notre fête, nous devons encore mentionner Mlle Jeanne Léry, MM. Bruneau et Monbray, qui ont joué avec beaucoup d'ensemble l'amusante comédie des *Forfaits de Pipermans*.

Ne finissons pas ce compte-rendu du concert sans mentionner trois de ses organisateurs choisis en dehors du Comité : MM. Georges Guillemot, Eugène Pitou et Edmond Selle. Si nous les nommons en dernier, c'est que nous sommes certain que leur modestie ne protestera pas contre ce rang, alors que leur dévouement leur méritait la première place. Ils nous avaient même demandé de ne plus parler d'eux et nous avions promis, nous promettant bien, à part nous, de ne pas tenir notre promesse. Nous ne saurions, en effet, passer sous silence les services rendus, et si nos amis m'accusent d'avoir manqué à ma parole, je compte sur vos applaudissements pour m'absoudre. *(Bravos.)*

Une chose a dû vous surprendre dans notre fête du 10 octobre dernier, c'est l'absence de celui que vous applaudissiez depuis plus de six ans : j'ai nommé Coquelin cadet. Comme les années précédentes, il aurait figuré sur le programme de notre concert ; malheureusement pour lui d'abord, et pour nous ensuite, une chute de cheval l'a empêché de nous prêter son concours. Notre désespoir était grand — car vous savez quel accueil enthousiaste vous réservez chaque année à Coquelin cadet — mais l'excellent artiste s'est employé spontanément à l'atténuer en demandant à son frère de prendre sa place. Coquelin aîné, ne voulant pas laisser protester l'engagement fraternel, a accepté sans hésitation. Vos chaleureux bravos l'ont remercié, tout d'abord, de cet acte généreux ; ils se sont renouvelés pour fêter cet incomparable talent. Remercions donc chaleureusement cette incomparable cohorte d'artistes pleins de cœur et de dévouement, toujours sur la brèche et toujours les premiers à répondre lorsqu'il s'agit de bienfaisance ou de philanthropie. (*Applaudissements.*)

Vous savez que votre Comité a la faculté de décerner le brevet de membre d'honneur aux personnalités qui auront témoigné de leur dévouement à notre Société. Dans une séance du Comité, les noms des orateurs applaudis l'an dernier, MM. Anatole de la Forge et le pasteur Dide, proposés pour ce titre, ont été acceptés à l'unanimité. (*Marques d'adhésion.*)

Le docteur Dubois, l'un des médecins qui ont assisté à la naissance de la *Mutualité*, cesse, pour cause de santé et par suite de son éloignement du centre de Paris, d'être médecin actif. Il a assisté à toutes les phases critiques qu'a subies la *Mutualité*, et il lui a toujours donné des preuves de son attachement. Votre Comité, en témoignage des services rendus par le docteur Dubois, a cru également devoir le porter sur la liste des membres d'honneur, tout en regrettant son départ.

Nous sommes certain que tous ceux qui l'ont connu sanctionneront une décision qui n'est que la juste récompense d'une activité assidue, mise au service de la *Mutualité commerciale*. (*Applaudissements.*)

Notre Bibliothèque se garnit tous les jours de livres nouveaux, mais elle est grande, et il reste encore bien des rayons à remplir. Nos collègues malades et convalescents savent apprécier les plaisirs

qu'elle procure, et c'est surtout en leur nom que je viens vous
f   un nouvel appel.

Beaucoup, parmi vous, ont contribué à sa création, soit par des
dons de livres, soit par de l'argent, mais depuis, bien des sociétaires nouveaux sont venus; c'est à eux surtout, qui bénéficient
des sacrifices antérieurs, que je m'adresse pour augmenter le
nombre de nos livres.

Cette année, notre Bibliothèque s'est accrue de 69 volumes, et
nous avons en caisse 119 fr. 45.

Les donateurs de cette année sont Mme la comtesse Ag. de Gas-
parin, MM. A. S. Morin, Frédéric Passy, Eug. Pitou, Tharel et Frette.

Nous rappelons aux sociétaires appelés sous les drapeaux et qui
tiennent à conserver leur numéro d'inscription sur nos registres
qu'ils n'ont qu'à prévenir par lettre le siège social de leur éloignement de Paris et à avertir le Comité sitôt leur libération.

Mes chers camarades, les élections vont bientôt avoir lieu, et à
ce sujet nous devons vous faire part d'une demande qui nous a
été adressée par quelques sociétaires. Cette demande avait pour but
de faire organiser par votre Comité des réunions électorales. Le
Comité a répondu qu'il ne devait ni ne pouvait entrer dans cette
voie, qui est en dehors de ses attributions. Les électeurs ont certes
le droit de se réunir et de faire parvenir au siège social, dans les
délais voulus, les noms de leurs candidats. Ceux-ci sont inscrits
suivant leur ordre de présentation et mis sur les listes par ordre
d'inscription ; c'est le moyen le plus juste et le moins discutable.
(*Marques d'adhésion.*)

Le Comité compte sur votre attachement à la Société pour vous
faire représenter par des collègues dont vous connaissez le mérite
et qui soient dignes en tous points d'être vos mandataires.

On nous a posé plusieurs fois la question des retraites. Nous devons
vous dire franchement notre avis à ce sujet; nous croyons impos-
sible à une Société comme la nôtre d'arriver à un résultat pratique.
Toutes nos forces doivent converger vers le secours contre la maladie, et nos capitaux ne doivent servir qu'à cela.

Aux prévoyants, nous leur disons : Vous avez une Société sœur, la *Prévoyance commerciale*, qui donne les meilleures espérances pour l'avenir ; faites-vous inscrire chez elle, et là, à une époque déterminée, vous aurez le droit de réclamer votre pension, qui vous sera servie non pas comme une aumône, mais par le droit acquis.

J'arrive, heureusement pour vous, à la fin de mon rapport. Nous pouvons constater ensemble que la marche de la Société est toujours croissante. Les améliorations s'y font d'une façon régulière et sans secousses, ce qui est plus sage et plus prudent que d'agir par soubresauts et de livrer souvent l'avenir à l'inconnu.

Vous remerciant de votre bienveillance accoutumée, votre Conseil d'Administration souhaite ardemment d'être d'accord avec vous sur la façon de conduire la barque qui porte la *Mutualité* et sa modeste fortune.

Votre approbation sera sa meilleure récompense. *Applaudissements prolongés.*)

M. le Président fait voter à mainlevée sur ce rapport, qui est adopté à l'unanimité.

TABLEAU DES RECETTES ET DES DÉPENSES DE LA SOCIÉTÉ

Du 1er Janvier au 31 Décembre 1882.

RECETTES.	fr.	c.	DÉPENSES.	fr.	c.
Restant en caisse le 1er Janv. 1882.	1,301	45	*Secours médicaux.*		
Cotisation de Membre fondateur-			Médecins.	11,781	45
protecteur.	1,000	»	Pharmaciens	11,328	75
Cotisations des Membres honoraires.	5,910	»	Maisons de santé.	14,116	50
Cotisations des Membres participants.	41,814	»	Maison de convalescence.	789	»
Droits d'entrée.	1,914	»	Dentistes.	476	»
Droits funéraires	1,834	»	Bandagistes	191	50
Intérêts des valeurs et sommes placées.	2,960	70	Ventouseurs.	10	»
Recette du 9e concert	6,614	75	Bains	855	75
Dons pour la caisse de convalescence.	277	40	Secours pour maladies	1,312	40
Dons pour la bibliothèque	74	35	Inhumations.	2,436	20
Cautionnement.	300	»	*Frais généraux.*		
			Impressions	2,419	»
			Employés (Appoint. et gratifications).	4,240	15
			Loyer, assurances et contributions.	2,678	55
			Chauffage, éclairage et propreté.	428	05
			Mobilier, achat et entretien.	324	40
			Frais de bureau	227	25
			Assemblée générale de 1882	346	75
			Timbres et frais de poste	112	75
			Etrennes	38	»
			Bibliothèque.		
			Reluro volumes.	31	45
			Concert.		
			Dépenses pour le 9e concert	2,771	10
			Cautionnement.		
			Intérêts du cautionnement des empl.	43	35
			Espèces.		
			Espèces déposées à la Caisse des dépôts et consignations.	8,009	55
			En caisse au 31 décembre 1882.	1,362	75
Total des recettes.	66,366	65	Total des dépenses.	66,366	65

SITUATION DE LA SOCIÉTÉ

au 31 décembre 1882.

ACTIF.

En caisse au 31 décembre 1882.	1,362	75
Sociétaires. — Quittances à recouvrer. . . .	1,726	»
Mobilier. — Au siège social (amorti de 10 %).	992	»
Loyer. — Six mois payés d'avance.	1,275	»
Gaz. — Avance sur la consommation.	49	»
Espèces. — A la Caisse des Dépôts et Consignations.	51,321	35
Titres. — 20 Obligations de la Ville 1871 (cours du 31 décembre). . 8,000 »	9,500	»
Titres. — 4 obligations de la Ville 1871 (cautionnement valeur brute de). . . . . 1,500 »		
Total.	66,226	10

PASSIF.

Dû aux médecins.	4,741	90
— pharmaciens.	2,732	05
— maisons de santé.	2,136	50
— dentistes, bandagistes et ventouseurs.	115	»
— bains	455	»
— à l'imprimeur.	179	55
— le loyer, terme échu.	687	60
— le cautionnement des employés.	1,800	»
— à la bibliothèque. — Excédent.	110	45
Caisse de convalescence 088 40	53,259	05
Capital au 31 décembre 1882.. . 52,270 65		
Total.	66,226	10

M. le Président. — La liste des nouveaux Sociétaires admis provisoirement par le Comité pendant le cours de l'année 1882 ayant été imprimée à la suite des lettres de convocation et aucune réclamation ne s'étant produite, je mets aux voix leur admission définitive.

Le vote a lieu à main levée.

Personne ne levant la main à la contre-épreuve, ces Sociétaires sont admis.

Les élections pour le renouvellement partiel du Comité auron lieu au siège social, dans la forme accoutumée, du 17 au 20 avril ; le dépouillement des votes se fera le 20 avril, à 8 heures et demie du soir.

Un registre pour l'inscription des candidatures sera ouvert au siège social du 22 au 29 mars inclusivement ; la liste en sera adressée à tous les sociétaires.

Aux termes de l'article 14 des statuts, MM. Freyermouth, Louchart, Salvan, Chardin et Dubasty sont membres sortants ; MM. Brenot, Rosel, Jolly, Delille et Ponge, ayant été appelés par le Comité à titre de suppléants provisoires, devront se représenter à vos suffrages.

M. G. Thézard, président, prononce l'allocution suivante :

Mesdames, Messieurs,

Après le rapport si complet que vous a présenté M. Durignieux, j'ai peu de chose à dire et j'ai hâte, d'ailleurs, de laisser la parole aux hommes éminents qui ont bien voulu se rendre au milieu de nous.

Permettez-moi cependant d'attirer votre attention sur quelques points qui ne sont pas sans importance. Vous venez de voir que, pendant l'année 1882, le nombre des radiations et démissions s'est élevé à plus de 600.

Les radiations sont prononcées pour deux causes principales : pour défaut de paiement ou pour adresse inconnue. Or, cela est le résultat de l'indifférence, car il n'y a pas un seul employé qui ne puisse payer cette modique — trop modique même — cotisation mensuelle de deux francs.

Lorsqu'un sociétaire se trouve un moment dans la gêne, parce qu'il est sans place ou pour tout autre motif, jamais le comité ne lui refuse un sursis, s'il en fait la demande ; d'autre part, lorsque vous changez de maison, il est si facile d'en donner avis au siège social, soit par l'intermédiaire des délégués, soit directement par carte postale, que ceux qui négligent cette formalité, aussi simple que nécessaire, sont véritablement coupables. (*Marques d'adhésion.*)

Soyez persuadés, mes chers collègues, qu'il est non seulement de votre devoir mais encore plus de votre intérêt d'éviter la radiation. Chacun de nous doit avoir à cœur de remplir ses engagements, et le sociétaire qui se laisse radier pour défaut de paiement de cotisations arriérées porte préjudice à la Société. De tels abus, s'ils devaient continuer à se produire, amèneraient forcément le comité à se montrer plus sévère pour les réadmissions. Personne n'est à l'abri des misères humaines. N'attendez donc pas d'être atteints par la maladie, et ne dites jamais, ce que trop souvent j'ai entendu répéter : « Je ne suis jamais malade, je n'ai donc pas besoin de la Société. » C'est là de l'égoïsme, et du plus mauvais. Estimez-vous heureux de payer longtemps vos cotisations, sans être obligés d'avoir recours aux soins que la Société met à votre disposition. N'oubliez pas, mes chers collègues, ce beau nom de Mutualité, inscrit en tête de nos statuts, et pénétrez-vous bien de cette vérité qu'il faut beaucoup de sociétaires en bonne santé pour qu'il soit possible de soigner la maladie d'un seul. (*Applaudissements.*)

Je sais bien que vous tous, qui me faites l'honneur de m'écouter, comptez parmi les zélés et les dévoués, et que vous n'avez pas besoin d'être convertis ; mais beaucoup de nos camarades sont indifférents ou insouciants. C'est à vous qu'il appartient de les rallier à votre exemple, de leur faire comprendre l'importance de ces grands principes de prévoyance et de fraternité que nous nous efforçons d'appliquer et que nous voudrions voir pratiquer par tous.

En présence des services rendus par la Maison de convalescence, malgré ses modestes débuts, votre Comité est toujours préoccupé de faire profiter de ses bienfaits un plus grand nombre de malades. Les difficultés sont d'ordre financier, mais nous sommes certain d'avoir votre approbation en disant que nous ferons, en faveur de cette utile institution, tous les sacrifices qui seront compatibles avec le bon ordre de notre budget. (*Marques d'adhésion.*)

Cela n'est pas suffisant et je crois que les Sociétaires doivent faire personnellement un léger effort et s'imposer volontairement un sacrifice spécial en vue de l'accroissement de la Caisse de convalescence. Aussi venons-nous de créer un carnet de souscription, où chacun de nous pourra s'inscrire pour une somme petite ou grande. Nous ferons ainsi acte de solidarité, car il ne suffit pas de s'adresser aux philanthropes pour en faire des membres honoraires; de faire appel au dévouement d'amis infatigables et d'artistes éminents pour organiser des concerts; nous devons aussi nous venir en aide à nous-mêmes dans la mesure de nos moyens, sous peine de faillir à notre titre de *Mutualité.*

Or, nous ne le ferons jamais plus utilement qu'en faveur de la Maison de convalescence et j'ai la conviction intime qu'en donnant à cette institution tout le développement qu'elle comporte, nous aurons doté la *Mutualité commerciale* d'un des services les plus utiles, les plus nécessaires à une grande Société de secours mutuels comme la nôtre. Ce sera là le complément de notre excellente organisation médicale qui, sous la direction, toute de dévouement et d'abnégation, de M. le Dr Duhomme, médecin en chef, rend tous les jours des services considérables. (*Applaudissements.*)

Le Comité a voulu marquer sa profonde gratitude au corps médical tout entier en même temps qu'à l'un de ses membres les plus dévoués en décernant à M. le Dr Dubois le titre de membre d'honneur.

C'est avec un véritable sentiment de tristesse que le Comité a constaté le petit nombre de Sociétaires qui ont pris part aux dernières élections — 450 seulement. Ce droit de nommer vos administrateurs, que vous réclameriez avec raison si vous ne le possédiez pas, vous avez le devoir impérieux d'en user. J'ajoute que cette indifférence est sans excuses, étant donnée la simplicité du mode d'élection. Vous n'ignorez pas, en effet, que les Sociétaires qui ne peuvent venir voter au siège social n'ont qu'à remettre leur liste au délégué de leur maison, et que les Sociétaires isolés peuvent faire parvenir leur bulletin de vote au siège social sous pli cacheté. Nous ne saurions donc trop vous engager à ne pas vous abstenir ; vous prouverez ainsi que vous portez un réel intérêt à l'œuvre commune et vous donnerez une force plus grande à ceux que vous honorez de vos suffrages.

Je ne veux pas retenir plus longtemps votre attention et il ne me reste plus qu'à traduire le sentiment de tous en remerciant sincèrement MM. Paul Bert et Joseph Fabre d'avoir bien voulu répondre à l'invitation de la *Mutualité commerciale*.

M. Joseph Fabre, qui a appartenu avec éclat à l'Université, a conquis dès son entrée à la Chambre une situation que lui méritaient son caractère et son talent. En prenant la parole dans cette assemblée, il apporte un nouveau témoignage de son inaltérable et incessant dévouement aux principes démocratiques. *(Applaudissements.)*

Quant à M. Paul Bert, qu'il nous permette de saluer en lui un des serviteurs passionnés de la Patrie et de la République. Tour à tour préfet de la Défense Nationale, professeur au Collège de France, député, ministre de l'Instruction publique, M. Paul Bert a mis son honneur à travailler, dans chacun de ces postes, au relèvement du pays. Ami dévoué et collaborateur actif du grand patriote auquel Paris et la France — y compris la France d'Alsace — ont fait de grandioses et inoubliables funérailles, M. Paul Bert a attaché son nom au grand œuvre national de la diffusion de l'enseignement. Ce titre seul suffirait à lui assurer une place à part, et non la moins glorieuse, parmi les infatigables propagateurs des idées de progrès et de liberté. *(Double salve de bravos.)*

M. Paul Bert a la parole.

M. Paul Bert prononce l'allocution suivante :

MESDAMES, MESSIEURS,

Vous pensez bien qu'après ce que vient de dire votre Président, mes premières paroles doivent être des paroles de remerciement et de reconnaissance. Et si quelque chose pouvait me toucher davantage que ces marques d'affection et d'estime dont vous venez de m'honorer, c'est l'association qu'a bien voulu faire votre Président, qu'ont soulignée et approuvée vos applaudissements, entre le rôle modeste que j'ai pu jouer dans les affaires de ce pays et le grand nom du patriote illustre que nous venons de perdre, de cet homme dont la mort sera pour moi un éternel deuil comme son amitié est mon éternel honneur. (*Applaudissements*).

Mais j'avais avant cela d'autres raisons de vous remercier, et je suis bien sûr que mon ami Fabre s'associera à mes paroles. Oui, lorsqu'on vous disait tout à l'heure qu'il fallait remercier les hommes politiques, les savants, les littérateurs qui viennent en ces réunions et y apportent l'appui de leur présence et le secours de leur parole, je pensais à part moi que ce n'est pas ainsi qu'il faut envisager les choses, et que c'est nous qui devons remercier.

Et pourquoi cela ? Ah ! tous ceux qui passent au travers des embûches, des difficultés, des calomnies de l'heure présente en sentent bien la raison. Pour nous, hommes politiques, il y a des heures de profonde tristesse, d'amertume, de quasi-découragement et de demi-défaillance. Il y a des moments, où, à travers tant d'attaques nous nous demandons si vraiment l'œuvre que nous accomplissons vaut les amertumes qu'elle suscite, si elle vaut le temps précieux que nous y dépensons — ce temps dont est faite la vie, et avec lequel on fait la science. Aussi lorsque, comme mon ami Fabre et comme moi, on a un autre métier, lorsqu'on sent qu'on peut être autrement utile à la Patrie, on se demande si l'on n'a pas fait fausse route, s'il ne convient pas d'abandonner la tribune et les assemblées pour retourner à ses livres et à son laboratoire. (*Applaudissements*).

Oui, on se demande si tout cela vaut ce que cela coûte, et quand le doute est ainsi entré dans l'âme, l'œuvre à laquelle on travaille s'en ressent, car on ne fait bien que l'œuvre en laquelle on a foi.

Eh bien, Messieurs, lorsqu'on est dans ces dispositions d'esprit, et lorsque des hommes autorisés et qui ont bien le sentiment de leurs véritables intérêts, comme mon vieux camarade Duhomme et comme vos présidents, nous font visite et nous disent : « Venez à nous, venez parler aux nôtres, venez encourager, consoler, instruire peut-être, ceux que nous représentons, vous nous ferez du bien, » oh ! alors, on se reprend à la vie active, on se relève joyeux, on sent que, si petit que l'on soit, on travaille aussi à la grandeur et à l'honneur de sa Patrie.

Oui, on est joyeux car, que sont les efforts individuels s'ils doivent restés isolés, personnels, égoïstes, s'ils ne se rattachent pas à quelque grande cause, s'ils ne font pas partie du développement général de la force de ce pays ? C'est ce sentiment qui vous a inspiré à vous la création de la *Mutualité commerciale*, et qui nous soutient, nous, hommes politiques, dans la lutte que nous poursuivons.

C'est pourquoi vous m'avez causé une grande joie et c'est pourquoi je vous remercie encore et en mon nom et au nom de mon ami Fabre, bien qu'il n'ait pas besoin, comme vous vous en apercevrez tout à l'heure, de truchement pour exprimer sa pensée.

Aussi bien, puisque vous venez de me sacrer Président d'honneur, je vais donner la parole à mon ami, collaborateur et collègue Joseph Fabre. Il va vous parler de l'avènement de la démocratie aux affaires, et des conséquences de cet avènement dans le domaine politique et dans le domaine économique. Il va vous en parler d'abord en philosophe de profession, en homme habitué à aller au fond des choses, à scruter les mobiles secrets des actes humains et à généraliser, à embrasser, dans un esprit fécondé par le travail et par la science, le passé, le présent, l'avenir des institutions et des sociétés humaines.

Mais il vous en parlera aussi — et surtout, je le sais — en

homme pratique, en politique avisé qui est chaque jour aux prises avec les faits... (*Bruit violent à l'étage au-dessus de la salle*). Vous voyéz, Messieurs, que nous sommes, nous aussi, aux prises avec les faits. (*Rires approbatifs.*) Il faut tenir compte de tout en ce monde et ne se laisser effaroucher par rien.

Je vous disais donc que mon ami Fabre vous parlerait en homme pratique, habitué à tenir compte des faits, en homme qui sait que si, pour marcher droit à son but il faut de temps en temps regarder en haut et se guider sur les étoiles, il ne convient pas d'avoir sans cesse le nez en l'air, sous peine de risquer, comme l'astrologue, de tomber dans les puits du chemin ; en homme pratique que révoltent ces chimères, qui, après quelque surexcitation passagère, ne laissent derrière elles que déboires, incertitude et découragement ; en homme pratique qui a en horreur les fabricants de solutions toutes faites, les marchands de miracles sociaux, et ceux qui tiennent boutique de drogues contre toutes les misères des civilisations ; en homme pratique qui sait que les sociétés comme les hommes ont des maladies, et qu'elles n'obtiennent le progrès, la richesse et ne parviennent à leur but que par le travail assidu, l'effort incessant et le sacrifice au moment voulu.

Il ne me reste plus maintenant, Mesdames et Messieurs, qu'à donner la parole à M. Joseph Fabre. (*Applaudissements prolongés*).

M. Joseph FABRE s'exprime en ces termes :

Messieurs,

Ce n'est pas sans quelque surprise et sans une grande crainte que j'ai reçu l'invitation dont m'a honoré votre sympathique président. Ma crainte a redoublé lorsque j'ai appris quelles voix éloquentes se sont fait entendre dans vos réunions annuelles, depuis MM. Jules Simon et Laboulaye jusqu'à MM. Spuller, Tirard et Floquet. Ma crainte a redoublé encore lorsque j'ai su que la réunion d'aujourd'hui devait être présidée par mon excellent ami M. Paul Bert, à côté duquel je suis certes très fier de me trouver, mais dont le voisinage est dangereux parce que, quand il est là, les autres n'ont qu'à se taire et à demander qu'il se fasse entendre pour avoir le plaisir de l'écouter et de l'applaudir.

Vous avez admiré tout à l'heure de quelle façon il a marqué ce que je devais dire, et tous vous avez pensé que c'est lui-même qui devrait le dire ; car il saurait y déployer cette érudition substantielle, cette logique incisive, cette verve gauloise, cette indépendance de pensée, cette chaleur de patriotisme, enfin toutes ces qualités éminentes qui lui ont acquis l'honneur d'avoir une part privilégiée dans les attaques que nos adversaires prodiguent aux plus vaillants serviteurs de la démocratie (*Applaudissements*).

J'aurais donc voulu me contenter d'être ici un auditeur, ou, si je prenais la parole, me borner à rendre hommage à votre président et à votre vice-président qui, l'un, dans son élégant discours, l'autre dans son intéressant rapport, ont si bien parlé de tout et de tous, et à qui je ne reprocherai que de s'être oubliés eux-mêmes, alors qu'ils ont si largement contribué au succès toujours croissant de cette œuvre philanthropique qui atteindra bientôt le chiffre de 3,000 adhérents (*Applaudisse.   'ts*).

Les associations du genre de celle à laquelle vous appartenez valent non pas simplement comme œuvre de prudence dans laquelle on pourvoit pour soi-même, mais encore comme œuvre de dévouement dans laquelle on pourvoit pour autrui, et c'est leur privilège qu'en même temps qu'on y ménage son propre bien on y aide au bien du prochain. Par ce double caractère, ces associations conviennent merveilleusement à la démocratie qui est, par essence, une mutualité de droits et de devoirs entre égaux.

Dernièrement, dans un plaidoyer fait au Sénat en faveur des princes, il a été parlé d'une façon un peu bien dédaigneuse de ces *masses profondes* de la société qui sont le ciment même de la démocratie. Et pourtant, Messieurs, l'histoire nous montre que, sans elles, rien de grand ne s'est fait dans le monde. Soit que vous considériez les religions, soit que vous considériez la politique, vous remarquerez toujours que c'est par le peuple que tout ce qui s'est accompli de plus considérable a pu s'accomplir.

Envisagez le passé le plus lointain ; vous verrez, dans l'Inde

Bouddha allumant dans les âmes l'ardeur du dévouement et du sacrifice, inculquant aux privilégiés, parqués dans leurs castes, l'esprit d'égalité et de fraternité, et provoquant au loin un immense tressaillement d'espérance et d'amour, vous le verrez, dis-je, prendre pour point d'appui ces masses populaires qui seules sont le roc solide sur lequel on peut bâtir.

Et, six siècles plus tard, à qui s'adresse l'initiative de Jésus ? Ce n'est pas aux riches, aux grands de ce monde, mais aux petits, aux souffrants, aux humbles. C'est par eux, qu'à l'exemple de Bouddha, le fils du charpentier arrive à répandre sa doctrine, à régénérer les âmes, et à jeter la semence d'une des plus grandes révolutions qui aient changé la face de l'humanité ! (*Vifs applaudissements.*)

De même que les deux religions magistrales qui ont exercé une si forte influence sur le cœur et sur la pensée des hommes sont dues à l'action vivifiante des masses profondes, de même c'est du sein de ces masses qu'ont germé les grands progrès politiques, parmi lesquels, chez nous, le plus important est précisément l'avènement officiel de la démocratie dans les affaires publiques, ayant pour consécration logique et nécessaire le gouvernement républicain.

Quelle est, je vous prie, la force qui brisa la féodalité ? C'est la démocratie au service de la royauté. Où se trouve le berceau des droits de l'homme et du citoyen proclamés en 1789 ? Il se trouve dans les chartes de ces anciennes communes de France, dont la plèbe laborieuse était lentement arrivée au gouvernement partiel d'elle-même. Enfin, cette Révolution immortelle qui nous a dotés de l'égalité civile, a proclamé la liberté politique et a ébauché toutes les grandes initiatives destinées à étendre le règne de la justice parmi les hommes, comment s'est-elle opérée ? Elle a surgi du sein des masses profondes, qui l'avaient longuement couvée et qui lui ont tout à coup fourni une magnifique pléiade d'apôtres, de héros et de martyrs, affirmant le droit humain, le droit éternel, à l'encontre de je ne sais quel prétendu droit divin et de misérables privilèges d'un jour, qui devaient disparaître et qui ont disparu ! (*Applaudissements.*)

Ce qui est vrai pour les institutions est vrai pour les hommes.

Quels sont les hommes les plus grands? Ce sont ceux qui plongent leurs racines dans le peuple, ceux qui savent ramasser et faire resplendir en leur génie les étincelles éparses de la pensée populaire; ceux qui parviennent — qu'ils soient orateurs, poètes, philosophes ou politiques — à condenser dans une grande œuvre ce qui était l'aspiration sourde, secrète, inconsciente, de ces masses profondes dont il se font les vivants interprètes. (*Applaudissements.*)

Et c'est là précisément ce qui a fait la grandeur de cet homme illustre qu'on a rappelé tout à l'heure et qu'il me plaît de rappeler encore, car nous ne saurions trop parler de lui. Certes il a été assez insulté pendant sa vie, il a subi assez d'ingratitudes, pour que nous, qui du moins avons dans la conscience cette satisfaction de lui avoir toujours rendu justice, nous soyons fiers de rappeler ici ses titres à la reconnaissance de la France. Eh bien, l'un de ces principaux titres c'est que, pendant quinze ans, il fut en quelque sorte l'âme de notre démocratie, entraînée et contenue, disciplinée et victorieuse sous ses glorieux auspices. Représentant des masses profondes, il a été grand sans doute par la vigueur de son éloquence enflammée, par cette belle humeur qu'il apportait à toutes choses et qui l'environnait comme d'un charme, par cette puissance expansive d'un génie fait de bonté qui lui rendait si facile la conquête des âmes, par cette foi robuste qui aidait tant au succès à force de l'espérer; il a été grand par l'application de la méthode scientifique au développement progressif de l'ordre républicain, par la perspicacité de son sens politique, par sa puissance d'organisation, par son immense amour pour la patrie; mais le secret de toutes ces grandeurs est dans une grandeur supérieure dont elles ont été comme les faces multiples: Gambetta a été grand avant tout parce qu'il avait les entrailles démocratiques. (*Applaudissements prolongés.*)

Messieurs, s'il est vrai que la démocratie a fait les grandes choses et les grands hommes dont l'humanité a droit le plus d'être fière, il est vrai aussi que son plein avènement s'est fait longtemps attendre et qu'il a fallu, comme je l'ai indiqué, une fécondation profondément laborieuse pour que l'heure arrivât où enfin le peuple, qui jusque là ne s'était pas appartenu, en vînt à prendre possession de lui-même.

Alors aux hiérarchies du passé, s'est substitué le régime de l'égalité. Naguère on admettait qu'il y avait comme une série ascendante de compartiments sociaux, avec le monarque au sommet, puis la famille du monarque, puis les grands, gens de cour ou gens de guerre, puis les prêtres, puis les gens de robe, puis plus bas les bourgeois, et enfin encore plus bas les serfs. Ces distinctions de classes ont cessé, et dans l'homme on n'a plus voulu voir que l'homme.

A l'égalité civile devait correspondre l'égalité politique. Plus de parias dans le pays légal. Place à tous! Arrière la vieille distinction des censitaires, citoyens actifs, et des pauvres, citoyens passifs! Tous sont citoyens au même titre, et ont également qualité pour participer à l'autorité publique, de même qu'à l'obéissance publique. Le peuple ne peut ni légiférer, ni gouverner en masse. Eh bien, il légiférera, il gouvernera par l'intermédiaire de ses représentants, choisis au moyen du suffrage universel, organe de sa souveraineté.

Mais, le moment étant venu où le peuple a le droit de dire « l'Etat, c'est moi, » l'Etat peut-il rester ce mécanisme d'oppression qui morigénait les croyances et, ne mettant pas de bornes aux ingérences de la loi, tendait à faire ployer toutes les activités industrielles, intellectuelles et morales sous le joug d'une monstrueuse unité? Nullement. On a dû comprendre que l'Etat existait pour les hommes, non les hommes pour l'Etat, et — conséquence naturelle — il a fallu que, les droits de l'individu se trouvant accrus, ceux de l'Etat se trouvassent diminués d'autant.

Ainsi, telle est la triple conséquence de l'avénement de la démocratie : substitution de l'égalité civile aux privilèges des vieilles hiérarchies sociales; substitution de l'autonomie du peuple à l'hégémonie de certaines catégories de dirigeants; enfin, substitution du régime de la liberté à ce régime de l'autorité qui absorbe dans les prétendus droits de l'Etat les droits des personnes humaines, naturellement destinées à se gouverner elles-mêmes sous la protection commune de la loi. (*Applaudissements.*)

Mais ce n'est pas tout, Messieurs. Sous peine de voir la société nouvelle se résoudre en poussière d'individus sans cohésion et sans consistance, il faut que des collectivités libres et variées se forment au sein de la grande collectivité démocratique. Voici abolies jurandes et maîtrises; voici le labeur manuel et le commerce affranchis du stigmate de déchéance dont on les flétrissait depuis les temps antiques; voici supprimées les douanes intérieures; voici le travail émancipé de ses vieilles entraves : c'est bien. Mais prenez garde ! L'individu va être étouffé dans la stérile apothéose de son moi souverain, s'il ne peut multiplier ses forces par le concours des forces de ceux qui sont à côté de lui, et s'il n'est remédié à son isolement par la libre éclosion de groupements variés qui, pour des œuvres de commun bien-être et de progrès matériel et moral, solidariseront les intérêts et les efforts de tous. De là, sinon avec la collaboration de l'Etat, du moins avec son entière tolérance, le développement légitime des associations, appelées à être les féconds laboratoires où s'opèrera la solution graduelle des problèmes sociaux. Ne les jugeons pas par ce qu'elles sont aujourd'hui. Elles ne sont point encore sorties de la période embryonnaire. C'est le grain de sénevé qui deviendra un arbre immense.

Au surplus, Messieurs, pas de panacée universelle. Imaginer qu'à un certain moment l'Etat pourra, par un coup de baguette magique, faire que la misère disparaisse du monde, c'est se repaître d'une chimère. A moins qu'on n'ait l'esprit faux, du moment où on se met à étudier et à réfléchir, on comprend, d'une part, qu'il y a non pas un certain mal économique comportant un grand remède décisif, mais plusieurs maux économiques se diversifiant selon les lieux, les temps, les circonstances et comportant, si je puis ainsi dire, des médications proportionnellement variables; d'autre part, que l'Etat n'a pas qualité pour intervenir dans tous les détails de notre vie, ni pour transformer la société en un vaste couvent ou en une vaste caserne par un coup d'autorité qui serait aussi injuste qu'inefficace, et qu'il nous appartient à nous-mêmes, isolés ou librement unis, d'assurer notre bonheur comme nous l'entendrons et non pas comme l'entendrait je ne sais quelle providence sociale qui, voulant réaliser la félicité de chacun à sa manière, n'aboutirait qu'à faire notre malheur commun. (*Applaudissements*).

Messieurs, à l'encontre de certains hommes qui, nourris du lait de la démocratie, n'ont pas craint de traiter avec dédain notre mère commune, j'ai montré le grand rôle historique des masses profondes et j'ai essayé de caractériser, en ses conséquences essentielles, l'avènement du peuple dans les affaires publiques. Il me reste à examiner certaines objections capitales qu'ont élevées contre la démocratie les plus savants apologistes de l'aristocratie.

Des esprits très éminents de notre temps se sont demandé s'il ne serait pas possible de tenter un recul vers le passé et de ressusciter le prétendu bonheur de régimes aristocratiques qui ne sauraient revivre. Parmi eux je citerai M. Taine, cet éplucheur systématique des tares de la révolution, et M. Renan, cet idéaliste paradoxal, grand contempteur du profane vulgaire.

M. Renan, a soutenu, dans des études célèbres, que le triomphe de la démocratie était le triomphe de la décadence, que le règne de l'égalité et de la liberté était, par un contre coup naturel, le règne de la médiocrité, et que, pour s'élever haut dans les sphères politiques, intellectuelles et morales, il faut à l'État une élite aristocratique, qui, pensant et voulant pour le grand nombre, trouve, dans la masse des citoyens, des serviteurs passifs dont les principales vertus seront l'abnégation et l'obéissance.

Qu'est-ce que cette doctrine qui, au nom d'une utilité supérieure, prétend faire litière de l'égalité et de la liberté ? Ce n'est pas sans intention, messieurs, que, dans la fameuse devise que vous connaissez : *Liberté, égalité, fraternité,* on nomme en troisième lieu seulement la fraternité. C'est que, si elle était mise au premier rang, si, par suite, au nom de l'amour qu'on porte aux hommes et en vue d'avantages capitaux qu'on veut leur ménager, il était permis de méconnaître les grands principes d'égalité, les plus étranges excès seraient rendus licites, et on pourrait faire aux peuples le plus grand mal, sous prétexte qu'on poursuivrait leur plus grand bien. Où sont les persécuteurs, où sont les oppresseurs qui ne se sont pas posés en bienfaiteurs de l'humanité ? N'est-ce pas de ses intérêts les plus élevés que se sont toujours autorisées les usurpations et les violences ? N'est-ce pas à un esprit sincère de charité qu'obéissaient et un Saint-Augustin approuvant les moyens de contrainte les plus rigoureux à l'égard des hérétiques, et la p'upart de ces fanatiques qui disaient à leurs victimes : « Pensez comme nous, ou mourez sur le bûcher ! » (*Applaudissements.*)

On va loin, du moment où on admet que l'égalité et la liberté peuvent être violées au nom d'un certain idéal et qu'il est permis de sacrifier la justice à l'amour. Ce qu'il faut, c'est que l'amour, qui est chose féconde et grande assurément, qui est même le plus puissant ressort de l'activité humaine, soit toujours subordonné à la justice et réglé par elle. Le droit d'abord, et ensuite l'amour vivifiant le droit, mais demeurant, pour ainsi dire, serf de la justice : tel est l'ordre véritable.

Et c'est là précisément ce qu'indique ce mot de « fraternité » qui est si beau. Il signifie, — et c'est pour cela qu'on l'a employé au lieu du mot charité, — qu'il s'agit d'un amour s'appliquant à des frères, c'est-à-dire à des êtres qui sont nos égaux, et non pas à des êtres vis-à-vis desquels nous aurions la position du père vis-à-vis de ses enfants. C'est en pères que se posaient les aristocrates, les grands et les rois, et ils s'arrogeaient tous les droits de la paternité à l'égard de ces enfants toujours en minorité, constamment en tutelle, qui étaient leurs sujets. Eh bien, nous ne voulons pas être en tutelle ; nous en avons fini avec notre minorité ; l'humanité est devenue majeure ; elle s'appartient. Au lieu de pères tyrans et de fils esclaves, il n'y a plus que des frères ; et voilà pourquoi la charité sociale doit s'appeler fraternité ; voilà pourquoi la fraternité est subordonnée à l'égalité, qui résulte de l'identité fondamentale de nos droits et de nos devoirs, et à la liberté qui, base de l'égalité, est à la fois la marque et le principe de la dignité de l'homme. (*Applaudissements*).

Eh bien, M. Renan et M. Taine estiment qu'il faut changer tout cela. Ils ne comprennent pas que les principes de liberté et d'égalité dominent tout ; et, au nom de je ne sais quel amour profond qu'ils portent sûrement à leurs semblables, ils rêvent de la résurrection d'une aristocratie, en vérité trop chèrement payée par le sacrifice de la justice sociale.

Mais quelle sera cette aristocratie? M. Renan, n'en trouvant pas ailleurs les éléments, se demande si, grâce à une transmission héréditaire des grades, ce ne serait pas parmi les officiers de l'armée territoriale que pourraient être recrutés les nouveaux aristocrates. (*Hilarité.*) J'espère bien, Messieurs, que, quelque intérêt que puissent y avoir tels ou tels d'entre vous, vous ne vous convertirez pas à la thèse un peu trop préhistorique de M. Renan. (*Nouveaux rires.*)

En vérité, n'est-ce pas méconnaître l'histoire qu'imaginer la possibilité de remonter le courant au delà de 89 et de faire une réédition des inégalités sociales que la Révolution a irrémédiablement supprimées? Mais la Révolution est fatalement souveraine. Tous les pouvoirs qui se sont tour à tour armés contre elle ont dû se réclamer d'elle. Ce qu'ils lui empruntaient les a fait vivre. Ce qu'ils laissaient d'elle les a tués. (*Applaudissements.*)

Puis, que signifient ces affirmations en l'air sur le rôle bienfaisant des aristocraties et sur l'impuissance radicale des démocraties? Oubliez-vous qu'à côté de quelques pages glorieuses, les pages de l'histoire les plus déshonorantes pour l'humanité ont été écrites par des aristocraties? Oubliez-vous le magnifique épanouissement artistique, littéraire, philosophique, politique de ces anciennes républiques grecques qui occupaient un point si petit dans l'espace, et qui pourtant ont gardé une place si grande dans l'histoire, de telle sorte que les vastes régions de l'aristocratique Orient ne brillent que d'une clarté très pâle à côté de l'enceinte chétive de cette démocratique Athènes, où, en dépit des souillures de l'esclavage, l'esprit de liberté et d'égalité suscita la plus splendide floraison de génies, d'œuvres et d'influences civilisatrices, destinés à demeurer le flambeau des sociétés futures. (*Applaudissements.*)

Non-seulement M. Renan méconnaît l'histoire, mais il a le tort de ne pas comprendre que, s'il fallait choisir entre la gloire et la liberté, entre l'éclosion d'une élite intellectuelle et l'affranchissement des masses, c'est pour la liberté, c'est pour l'affranchissement des masses qu'il faudrait opter. Car enfin l'humanité n'existe pas pour quelques hommes, elle existe pour elle-même. Il serait sacrilège de sacrifier le grand nombre au bien d'une élite, et les fines fleurs de la civilisation nous coûteraient trop cher si les masses profondes de la société n'étaient plus qu'une sorte de fumier destiné à les faire épanouir. De même que le soleil matériel, le soleil intellectuel et moral doit luire pour tous. Il faut que nous arrivions à être tous aussi pleinement hommes que possible, quitte à ce qu'il y ait moins de grands hommes parmi nous. (*Applaudissements.*)

Mais j'affirme que cette option ne s'impose point. La supériorité scientifique, le génie et toutes les grandeurs humaines sont parfaitement compatibles avec la démocratie. Une preuve, c'est que, dans notre France, où l'esprit démocratique domine, où l'on s'occupe de tous au lieu de ne s'occuper que de quelques-uns, où a été donnée une si magnifique extension à l'instruction primaire, — et vous savez quel est l'homme dont l'initiative intelligente, généreuse, infatigable, y a le plus vaillamment poussé ; vous l'avez applaudi tout à l'heure et je vous vois impatients de l'applaudir encore (*Vifs applaudissements*), — dans notre France, dis-je, il y a, autant et plus que dans aucune monarchie, des artistes, des littérateurs et des savants illustres.

En effet, le même développement qui a été donné à l'instruction primaire a été donné à l'instruction supérieure. En même temps qu'on s'est occupé des petits qui ont tout à apprendre, et parmi lesquels nous ferons émerger des talents que l'incurie aristocratique aurait jadis laissés enfouis dans les limbes d'une servile ignorance, on s'est occupé des princes de la science ; on a compris que c'est d'en haut que doivent être illuminées les routes du progrès qui s'ouvrent par en bas ; que les laboratoires du savant sont comme les greniers d'abondance où doivent s'alimenter les plus humbles écoles ; que la haute théorie est aussi la plus féconde en applications multiples ; que la grande culture conduit, sans les chercher, aux résultats les plus pratiques, et que les études les plus désintéressées se trouvent finalement les plus utiles.

Ainsi, loin qu'il y ait opposition, il y a solidarité entre le bien de l'élite et le bien de la multitude : l'un est le corollaire de l'autre. Plus le peuple sera instruit, plus se mettront en lumière des savants et des génies ; plus abonderont les grands savants et les beaux génies, plus il s'établira de salutaires courants, qui iront grossir le flot montant de l'instruction du peuple. (*Applaudissements.*)

Ce n'est pas seulement comme base de la réforme intellectuelle et morale, c'est encore comme condition nécessaire de la force dans le gouvernement et de la dignité nationale en face de l'étranger que M. Renan a préconisé la reconstitution du régime aristocratique.

A l'entendre, un pouvoir fort n'est pas possible dans une démocratie. C'est vrai, si l'on entend parler d'une autorité confisquant les libertés à son profit ; mais aussi ce n'est pas souhaitable. C'est faux, si l'on entend parler d'une autorité qui se fait respecter de tous, et qui reste stable dans ses bornes légitimes. Est-il en effet une autorité plus à même de montrer la tolérance la plus large vis-à-vis des opinions, et la faculté de répression la plus vigoureuse en face des violences, que l'autorité qui, forte du consentement de la majorité, a derrière elle la nation ?

Quant à la puissance d'épanouissement dont les démocraties sont susceptibles, n'y en a-t-il pas un exemple saisissant dans cette grande République des Etats-Unis, qui s'est si glorieusement décuplée depuis sa fondation ?

Et si l'on veut juger de ce que peuvent être des démocraties dans la guerre, ne suffit-il pas de se rappeler quelle hauteur de courage, quelle persévérance, quel héroïsme digne des grandes figures de la Grèce et de Rome, ont montré les volontaires américains, lors de la lutte épique qui a eu pour résultat de faire disparaître des Etats-Unis ce fléau de l'esclavage qui faisait tache dans une démocratie ?

Ce qui s'est passé là-bas marque ce qui se passerait chez nous si un jour venait où cette démocratie française, qui veut la paix sans doute, et qui estime qu'un peuple est grand non pas par l'étendue du territoire qu'il occupe, mais par la grandeur intellectuelle et morale qu'il réalise, de même que l'individu ne vaut pas par la taille qu'il mesure, mais par les qualités d'esprit et de cœur qui le distinguent, si un jour venait, dis-je, où notre démocratie, qui ne rêve pas de conquêtes — ce qui ne l'empêche pas de songer silencieusement à de justes réparations, et d'associer à d'amers souvenirs de viriles espérances — aurait à se dresser debout et en armes pour une juste cause. (*Applaudissements.*) Ne sentez-vous pas, en effet, que si le sentiment patriotique peut exister dans les monarchies, quand on combat pour un roi et qu'on obéit à la consigne d'une aristocratie, il doit exister à bien plus forte raison dans les Républiques, quand on combat pour le droit et que l'amour qu'on porte au commun territoire est accru de l'amour qu'on porte à cette âme de la patrie, qui est la Loi, œuvre de la raison de tous, et dont la sainteté serait outragée, violée par le triomphe de l'étranger ? (*Applaudissements.*)

Mais il est certain que, si les démocraties, tout autant que les monarchies, sont capables de manifester la vertu guerrière et l'esprit de sacrifice, elles sont foncièrement plus pacifiques. M. Renan leur en fait un reproche. Moi, j'y vois un de leurs mérites. Ainsi, la République américaine fait en ce moment aux États de l'Europe une proposition ayant pour objet la constitution d'un tribunal d'arbitrage qui résoudrait pacifiquement les litiges entre nations. L'idée n'est pas nouvelle ; elle a été élaborée par un grand nombre de penseurs ; elle a été patronnée dans les divers pays civilisés par des sociétés multiples, et c'est justice qu'elle soit aujourd'hui prise en main par la grande démocratie du Nouveau Monde : car le succès tôt ou tard nécessaire de cette idée sera la caractéristique du monde nouveau, du monde démocratique. L'ancien monde, le monde aristocratique, reposait sur la guerre. Le monde nouveau doit reposer sur la paix, mère de l'industrie, du commerce, des sciences, des arts et de la liberté, de telle sorte que les hommes en finissent avec cette oppression des conquis par les conquérants qui a été le ciment de toutes les aristocraties, et qu'au lieu de s'ôter mutuellement la vie, ils s'appliquent à la prolonger, à l'embellir, à la sanctifier par l'exploitation des secrets de la nature, par les créations du génie, par les splendeurs de la vertu. (*Applaudissements.*)

D'ailleurs, que les admirateurs des aristocraties se rassurent ! Dans ce monde nouveau de la démocratie, il doit y avoir aussi une élite, investie d'une juste autorité. Seulement cette élite, au lieu d'être désignée par le hasard de la naissance et imposée par certaines fatalités traditionnelles, se trouvera choisie par ceux qui sont légitimement appelés à décider quels sont les plus méritants, c'est-à-dire par la grande masse ; car tous les citoyens, ayant des droits égaux, ont égale qualité pour prononcer sur ceux qui seront promus à la direction des affaires communes ; et, de l'avis de Montesquieu comme de Machiavel, le peuple est ici le meilleur juge.

Ainsi, au lieu d'une discipline imposée, une discipline volontaire ; au lieu de dirigeants n'ayant d'autre titre que leur nom ou leur fortune, aveuglément acceptés, et perpétuellement subis en dépit de leur incapacité et de leur indignité, des dirigeants tirant leur prestige de leur mérite, choisis par tous et demeurant responsables devant tous, si bien que, quand ils auront failli à leur mission, d'autres seront mis à leur place et que le droit seul règnera. A lui, et à lui seul, d'être le souverain éternel. (*Applaudissements.*)

Mais, Messieurs, pour que la démocratie, dont je viens d'essayer la justification contre ses récents détracteurs, arrive à réaliser tout le bien dont elle est susceptible, il faut que les citoyens aient l'âme vraiment républicaine et pratiquent les vertus qui sont la vie des démocraties.

Il n'y a pas de pire mal, a-t-on dit, que la corruption de ce qui est le meilleur. Rien de plus misérable qu'une démocratie où l'anarchie dominerait, où tout serait en proie aux caprices de tous, où une turbulente démagogie opposerait les factions aux factions, où enfin l'esprit d'utopie prendrait les rênes du gouvernement pour s'égarer en expériences folles, jusqu'au jour fatal où un sauveur, s'attribuant la mission providentielle d'en finir avec les violences et les chimères, viendrait mettre le comble au mal, sous prétexte d'y porter remède.

Il ne doit y avoir de sauveurs que nous-mêmes. A nous de

maintenir la chose publique dans les voies de l'ordre et du bon sens ; à nous, avec le bulletin de vote et la légalité pour double appui, de déjouer les projets de ces ennemis de la liberté qui, encourageant les agitations, spéculent sur la peur, cette lâche conseillère des reculades du progrès, et qui ne rêvent qu'une démocratie se portant à elle-même le coup de mort par les excès où auraient su l'engager les fauteurs intéressés de toutes les réactions. (*Applaudissements.*)

Dans les démocraties, le respect de l'autorité publique est d'autant plus obligatoire et doit être d'autant plus facile que, tous pouvant élire et tous pouvant être élus, l'autorité y est la chose de tous et y est présumée mise aux mains des meilleurs.

Un autre devoir s'impose aux citoyens d'une démocratie, c'est de sanctionner leurs institutions et leurs idées par des mœurs vraiment démocratiques. Or, sur ce point, nous avons de grands progrès à faire. Démocrates d'opinion et aristocrates de tempérament, les Français allient à l'éloge constant de l'égalité et de la liberté le goût le plus vif pour les distinctions et pour l'intolérance.

J'ajouterai que, s'il est vrai, — or cela ne fait pas de doute, — qu'une démocratie vaut par les individus qui la composent, il faut que notre démocratie ait pour principale richesse de nobles caractères et soit peuplée de personnes qui, pénétrées du sentiment de notre dignité commune, sachent honorer l'humanité en autrui et en elles-mêmes. Pas de grandeur dans une démocratie sans la moralité alliée à l'esprit civique, chez l'homme et chez la femme.

Que si je parle ici de la femme, c'est que j'aperçois beaucoup de dames dans cet auditoire, et qu'en même temps qu'il me plaît de vous féliciter, Messieurs, d'avoir, à la différence d'autres sociétés, réservé une place à la femme et à l'enfant dans votre grande famille de la *Mutualité commerciale*, je ne veux pas manquer l'occasion de dire un mot aux femmes ici présentes sur le rôle qui leur appartient dans la démocratie. Un caractère commun aux États démocratiques est de réagir contre les privilèges aristocratiques que s'est arrogés le sexe fort vis-à-vis du sexe beau, et de tendre à supprimer l'état de minorité où les femmes ont été longtemps tenues par les mœurs et par les lois. Eh bien, les femmes ne doivent-elles pas répondre aux bienfaits que leur réserve dans les démocraties l'établissement graduel du règne de la justice, en se pénétrant de sentiments civiques, et en estimant qu'il y a lieu pour elles aussi de s'occuper de la politique, non pas de celle qui consiste à s'interroger en détail sur l'assiette plus ou moins solide de tel ministère, sur les progrès ou la décadence de tel homme politique, sur les va-et-vient parlementaires de tel projet de loi ; mais de cette politique générale qui consiste à savoir ce qu'est la démocratie, ce qu'est la république, à s'intéresser aux grandes questions où nos droits et notre honneur sont en jeu, à être capables enfin, — elles qui, comme sœurs, comme femmes, comme mères, vivent avec des hommes, les captivent par leurs séductions et leur insufflent leur âme ; elles, dont l'influence est d'autant plus considérable qu'en n'ayant pas l'air de gouverner, elles savent toujours régner (*Sourires*) ; — à être capables, dis-je, d'inspirer à tous ceux qui les approchent l'amour profond de la patrie, de la liberté, de l'égalité, de la justice, grandes choses dont il ne suffit pas d'avoir le nom au bout des lèvres, mais dont le culte doit être enraciné dans nos cœurs, si bien que nous soyons prêts à vivre et aussi à mourir pour elles. (*Applaudissements.*)

Mesdames, Messieurs, je conclus.

Si la démocratie a supprimé les inégalités de classes et toutes les autres inégalités artificielles, elle n'a pas pu supprimer les inégalités naturelles ; il y aura toujours des hommes forts et des hommes faibles, des femmes belles et des femmes laides....., je veux dire moins belles (*Rires*), des personnes intelligentes et d'autres bornées. Mais il y a un point par lequel nous nous valons tous, c'est notre commune aptitude à atteindre la grandeur morale. De là, parmi nos sociétés démocratiques, une dernière aristocratie, une aristocratie légitime, à laquelle nous devons et pouvons tous viser, l'aristocratie de la vertu, les uns s'anoblissant par l'énergie de leurs généreux efforts, les autres dérogeant par les défaillances coupables de leur volonté. Malgré l'identité de notre haute vocation, nous différons les uns des autres par la part de moralité que nous réalisons en nous. Eh bien, tâchons que cette part ne soit pas petite. Nos devoirs d'hommes et nos devoirs de citoyens sont solidaires, et c'est en les remplissant bien que nous nous ménagerons une place dans cette élite des meilleurs, véritablement nobles, véritablement princes, qui sont la force et la parure des démocraties! (*Applaudissements prolongés.*)

M. Paul Bert prononce l'allocution suivante ·

Il me revient comme président un devoir bien doux à remplir, c'est celui de traduire en paroles les applaudissements par lesquels vous venez de récompenser mon honorable et éloquent ami.

Vous voyez que tout à l'heure je ne vous avais point fait de promesses vaines. Je vous avais annoncé un philosophe, un politique et un orateur. Vous avez eu par-dessus le marché un historien et un poète.

Car vous avez été poète tout à l'heure, mon ami, lorsque vous avez chanté ces grands mouvements de l'initiative populaire qui ont apporté dans le monde les idées de dévouement, de sacrifice et de justice, et qui se sont incarnés dans ces deux grandes figures, — Bouddha et Jésus, — qui seraient bien étonnés, s'ils revenaient aujourd'hui sur la terre, en voyant ce qu'est devenue leur œuvre ! (*Applaudissements.*)

Vous avez été poète aussi lorsque vous avez chanté ce grand esprit, ce grand cœur, en qui vivait le souffle populaire, et dont l'âme a, pendant sa vie entière, vibré à l'unisson de celle de la France. (*Vifs applaudissements.*)

Et puis, vous avez tout dit dans le domaine politique. Vous avez passé en revue tous les problèmes de la démocratie, et ses grandeurs et ses faiblesses possibles. Vous avez dit leur fait à ces aristocrates de l'esprit, qui reprochent peut-être, et surtout aux démocraties, de ne pas leur avoir donné la place à la hauteur de laquelle ils sont par leur talent et par leurs titres.

Oui, vous avez tout dit. Vous avez encore dit la vérité sur le rôle des femmes en ce monde démocratique, et vous l'avez admirablement caractérisé. Oui, — je résume vos paroles — elles doivent être des citoyennes comme nous sommes des citoyens; et, pour récompense, vous leur avez promis la fin d'un état de choses qui a véritablement trop duré, et que je caractérise en disant qu'*elles sont à la fois mineures devant le Code civil et majeures devant le Code pénal*. (*Applaudissements.*)

Eh bien, tout le monde vous a rendu justice, et j'ai essayé de vous la rendre à mon tour, mais d'une façon insuffisante sans doute.

Je dois vous dire, cependant, qu'à un certain endroit de votre discours, j'ai eu peur. J'ai cru que vous alliez oublier quelque chose qui ne doit jamais être oublié dans une assemblée française.

L'histoire nous apprend qu'un vieux Romain, couvert de vices, a cependant laissé la réputation d'un sage et d'un grand patriote, parce que, toutes les fois qu'il se trouvait devant les Romains assemblés, il s'écriait: « Il faut détruire Carthage! » Eh bien, je dis, moi, qu'au temps où nous vivons, toutes les fois qu'on a l'honneur de parler devant des Français assemblés, il faut dire à ses auditeurs: «Tournez-vous du côté de l'Orient, et n'oubliez jamais! » (*Applaudissements prolongés.*)

Il faut leur dire : « Si par hasard vous sentez que la plaie se cicatrise, grattez-la avec vos ongles pour qu'elle soit toujours saignante! » (*Nouveaux applaudissements.*) Ah! on nous offre des aréopages, ah ! on nous prêche la paix universelle, ah! on nous promet monts et merveilles, ah ! on nous fait entrevoir une félicité sans bornes. Tout cela est fort bien, nous l'approuvons, nous y tendons les mains, mais à une condition, sans laquelle il n'y a rien de fait, à la condition qu'on nous rendra ce qu'on nous a pris. (*Vifs applaudissements.*)

Car ce qu'on nous a pris ce ne sont pas des arpents de vigne, de terre ou de bois, ce ne sont pas des villes ou des forteresses, des rivières ou des montagnes, ce sont des âmes, à qui l'on a arraché l'une des libertés humaines, qui crient et qui veulent rentrer là où est leur amour, là où étaient leurs espérances. Et, s'il peut y avoir — le Code civil l'a voulu — une prescription pour le vol de la terre, il n'y a pas de prescription pour le vol des libertés humaines ! (*Applaudissements.*)

Et qu'on ne juge pas ces paroles imprudentes; il n'y a pas de danger à dire que l'on pense toujours à l'ennemi et que l'on est toujours prêt. (*Nouveaux applaudissements.*)

Oui, mon cher ami, j'avais peur que vous n'oubliassiez cela ; mais mes craintes ont été vaines, et peut-être ai-je eu tort de répéter sous une autre forme ce que vous avez si bien dit à ce sujet.

Je suis chargé d'une autre mission.

Messieurs, votre président vient de m'annoncer que vous êtes bloqués ! (*Rires.*) A chacune des issues de cette salle une corbeille vous attend, et il convient que vous y déposiez tous votre obole, car le produit de la quête est destiné à la Maison de convalescence et à votre bibliothèque. Et à ce propos, au milieu de ce concert d'éloges réciproques (*Sourires*), je voudrais que nous fissions quelques critiques. Je vous laisse le soin de me critiquer à part vous. Quant à ma critique, à moi, elle porte sur la faible somme que j'ai vue inscrite dans le compte rendu de la dernière séance de l'Assemblée générale, et que j'ai entendu répéter tout à l'heure dans le rapport qui nous a été lu par votre excellent vice-président. Soixante-quatorze francs pour la bibliothèque ! c'est vraiment tout à fait insuffisant. En outre, la bibliothèque se compose d'un nombre de livres dont il ne faut pas se vanter. Enfin, l'accroissement annuel n'est que de 69 volumes pour 2,300 lecteurs ! Eh bien, ce n'est pas assez : il faut absolument qu'on fasse un effort, et que cet effort ne vienne pas seulement du dehors, mais qu'il vienne du dedans, qu'il vienne de vous tous.

Et ce n'est sans doute pas le hasard qui fait que le produit de la quête qui va être faite tout à l'heure sera consacré à la Maison de convalescence et à la bibliothèque. Ce ne peut pas être un hasard qui a amené cette union entre les deux parties de votre œuvre. Cette union existait déjà, car si le livre est utile, agréable, nécessaire, à qui peut-il l'être davantage qu'aux convalescents ?

Ce n'est point au malade que la fièvre écrase, que l'angoisse étreint, qui sent son mal et n'en voit pas la fin, que le livre convient : c'est au convalescent qui sort des angoisses, du danger où il se trouvait, qui se sent reprendre sa vigueur; qui, libre de son intelligence, est encore contraint au repos par suite de l'insuffisance de ses forces physiques. Il semble que c'est pour lui qu'on a inventé le livre, et s'il n'y en avait plus qu'un, c'est à lui qu'il faudrait le donner.

Faisons donc un effort; pensons à ceux d'entre 'nous qui sont ou seront malades. Il faut que **vous** vous disiez qu'après les excellents soins de ces médecins véritablement extraordinaires, qui non seulement guérissent tous leurs malades (*Sourires*), mais encore font ensuite une souscription pour eux, ce que vous pouvez donner de plus fructueux et de plus utile aux convalescents, c'est le livre, dans lequel, cloué sur son lit ou sur son fauteuil, attendant la santé qui apparaît et qu'il est assuré de recouvrer, il puisera l'instruction, il apprendra les découvertes des grands hommes; au moyen duquel il promènera son imagination dans les champs de la poésie, ou à travers le monde s'il lit un de ces livres de voyages, si intéressants et vendus à si bas prix aujourd'hui.

Montez donc bien votre bibliothèque, et, quand cela sera fait, afin de montrer que ce n'est pas par égoïsme que vous avez contribué à son achat, il faut que vous vous engagiez à n'être jamais malades (*Rires*), et à ne jamais vous en servir comme convalescents. (*Applaudissements unanimes et répétés.*)

M. le Président. — J'adresse à nouveau à MM. Paul Bert et Joseph Fabre nos plus chaleureux remerciements en les assurant de notre sincère reconnaissance. (*Adhésion générale.*)

Je tiens aussi à remercier tous ceux qui nous ont fait l'honneur d'assister à cette réunion, nous donnant ainsi une nouvelle marque de l'intérêt qu'ils portent à notre Association.

L'ordre du jour étant épuisé, la séance est levée à 11 heures 45 minutes.

Un grand nombre de personnes viennent féliciter MM. Paul Bert et Joseph Fabre.

MEMBRES D'HONNEUR
DE LA MUTUALITÉ COMMERCIALE

MM.

1880 Aimé **Gros** ✳, Ancien Président, Négociant.

Camille **Marcilhacy** ✳, Ancien Vice-Président, Négociant.

Hussenot ✳, Ancien Président, Négociant.

Bozérian, O. ✳, sénateur.

Trousselle, Notaire.

Péronne, Avocat à la Cour d'Appel.

Maza ✳, Avoué.

Ernest **Besnier** ✳, Membre de l'Académie de Médecine.

Ed. **Laboulaye**, O. ✳, Membre de l'Institut, Sénateur.

Jules **Simon** ✳, Membre de l'Institut, Sénateur.

Tirard, Député, Ministre des Finances.

Emile **Deschanel**, Sénateur.

Spuller, Député.

Henri de **Lapommeraye**, ✳, Publiciste.

Eugène **Pitou**, ❀, Publiciste.

Coquelin cadet, ❀, Sociétaire de la Comédie-Française.

Georges **Guillemot**, Artiste dramatique.

Worms, Sociétaire de la Comédie-Française.

Edmond **Selle**, Négociant.

1881 **Floquet**, ancien Préfet de la Seine, Député.

J. **Bourdoux**, Ancien Président, Négociant.

Léon **Melchissedec**, de l'Opéra.

1882 A. de **La Forge**, O. ✳, député.

Dide ✳, (le Pasteur).

1883 **Dubois**, Docteur en médecine.

Paul **Bert**, Député, ancien Ministre de l'Instruction publique.

Joseph **Fabre**, Député.

LISTE GÉNÉRALE

DE LA

SOCIÉTÉ LA MUTUALITÉ COMMERCIALE.

FONDATEUR.

M. **Aimé GROS** ✻, ancien député.

MEMBRES FONDATEURS-PROTECTEURS.

(Ayant versé la somme de 1,000 fr.)

Nos MM.

1 Gros (Aimé) ✻,   Rue François Ier, 19.
2 Marcilhacy ✻,   Négociant, rue Vivienne, 20.
3 Hussenot ✻, Berno et Brunard,   —   rue du Mail, 16.
4 Gros, Roman, Marozeau et Cie,   —   rue d'Uzès, 4.
* 5 Gros (Léon), O. ✻,

MEMBRES HONORAIRES PERPÉTUELS.

(Ayant versé une somme de 300 fr. et au-dessus.)

Nos MM.

1 Pigeon-Fernet,   Négociant, rue Mouffetard, 142.
2 Leborgne (Ferdinand),   Fabricant, à Lannoy (Nord).
3 Argand, Baraduc et Cie,   Négociants, rue d'Amsterdam, 101.
4 Chevalier (Anatole),   —   boul. Sébastopol, 66.
' 5 Roquet,   —   rue Coquillère, 35.

MEMBRES HONORAIRES.

(Payant une cotisation annuelle de 30 fr.

Nos MM.

1 Arbelot,   Négociant, rue Vivienne, 20.
6 Société anonyme d'imprimerie et librairie administratives et des chemins de fer, Dupont (Paul), Directeur,   Imprimeur, r. J.-J.-Rousseau, 41.
7 Tétard,   Négociant, rue de la Banque, 17.
9 Sédillot et Cie,   —   rue Saint-Fiacre, 7.
12 Ricois,   —   Faubourg-St-Honoré, 170.
19 Chauchard, ✻.   —   rue Marengo, 1.
23 Meurgey,   —   rue Thévenot, 5.

---

* Décédé.

Nᵒˢ MM.

34	Bouruet-Aubertot,	Négociant	avenue de l'Opéra, 23.
37	Trouiller,	—	rue du Sentier, 29.
38	Bouchon,	—	rue N.-D.-des-Victoires, 9.
39	H. Grellou ✻,	—	rue Rambuteau, 84.
40	Louvet,	—	rue du Sentier, 26.
53	Brelay,	—	rue Saint-Joseph, 5.
57	Mᵐᵉ veuve Léon fils,	—	boulevard Haussmann, 127.
58	Mango,	—	rue de Rivoli, 88.
60	Dormeuil,	—	rue Vivienne, 4.
62	Planche,	—	rue du Mail, 23.
64	Mᵐᵉ Vve Emery,	Propriétaire,	cité Trévise, 2.
65	Estieu,	Négociant,	rue Le Peletier, 21.
66	Laniel,	—	à Vimoutiers (Orne).
72	Villot,	—	rue de Lisbonne, 15.
74	La Cⁱᵉ des Messageries nationales.	—	place de la République, 10.
78	Jourdan,	—	rue Laffitte, 7.
80	Grégoire,	—	rue du Faub.-St-Antoine, 5.
81	Barbaroux (Jules),	—	r. du Faub.-Montmartre, 16.
82	D. Naude et Cⁱᵉ,	—	rue des Jeûneurs, 23.
83	Hartmann et fils ✻,	—	rue du Sentier, 32.
88	Lecluze,	—	rue Montmartre, 128.
95	Aubry,	—	rue N.-D.-des-Victoires, 10.
109	Rodier,	—	rue des Moulins, 19.
112	Golfier,	—	r. des Ecuries-d'Artois, 29.
117	Coudret, G. Duché et Cⁱᵉ,	—	rue du Sentier, 26.
118	Meslier,	—	rue du Sentier, 19.
119	Leclerc,	—	rue d'Aboukir, 7.
124	Tabourier et Bisson,	—	— 6.
125	Ferouelle fils et Gillet,	—	rue du Sentier, 8.
131	Bouchon,	—	rue N.-D.-des-Victoires, 9.
141	Dupont (Louis),	—	rue d'Aboukir, 6.
148	Georges,	—	pl. de la République, 13.
149	Dehollain,	—	rue du Mail, 29.
154	Collet et Dubois,	—	rue du Mail, 31.
158	Hofèle,	—	rue de la Paix, 7.
159	Graffeuil et Neveu,	—	rue du Petit-Carreau, 14.
171	Worth,	—	rue de la Paix, 7
175	Dreyfous ✻,	—	rue du Sentier, 28.
179	Gérault,	—	rue Saint-Sulpice, 27.
180	Pacot d'Yenne (Jules),	—	place des Victoires, 6.
183	Dupuis Larose,	—	rue Saint-Martin, 139.
190	Mill,	—	rue du Mail, 27.
199	Hebert fils et Cⁱᵉ,	—	boulev. Sébastopol, 41.

Nos MM.

203	H. Lefebvre,	Négociant, rue d'Armaillé, 3
204	E. Tonnel,	— rue de Rivoli, 130.
206	Larue.	— rue de Rivoli, 16.
210	Hartmann, Dumoitiez et Cie,	— rue de Cléry, 13.
217	C. Girard,	— rue Montmartre, 85.
222	Lamy-Séguin,	Marbrier, boulev. de Clichy, 92.
229	G. Couder,	Négociant, rue de la Paix, 7.
233	Weinbach (Max),	— rue Richelieu, 60.
240	Silvestre,	— à Saint-Joseph.
254	Fouret,	Maison Raimon, St-James et Ducrocq.
257	A. Légée,	Négociant, rue du Mail. 7.
259	Demaison,	— rue de la Gaîté, 13.
261	Victor Lehuic,	— rue Saint-Denis, 226.
262	Turbeaux,	de la Maison Massard, r. St-Martin, 201.
263	Massard,	— —
264	J. de Rossignol et Cie,	Négociant, rue du Sentier, 29 et 31.
266	O. Triquet,	— rue Sainte-Appoline, 7.
267	Jouvenel.	— rue Réaumur, 76.
268	Cuper frères,	— rue Saint-Honoré, 245.
269	E. Hellot,	de la Maison Meurgey, r. Thévenot.
270	Th. Porte,	— —
271	Baraduc (Louis),	Négociant, rue de Cléry, 16.
272	Fréville,	— —
273	Faivre,	de la Maison du Louvre, r. Marengo.
74	Duplan,	Négociant, rue de Richelieu, 75.
277	Fayaud,	— rue Saint-Denis, 76.
279	Tharel,	Négociant rue Vivienne, 20.
282	Mantel,	de la Maison Worth, rue de la Paix, 7.
286	Beauvillain,	Négociant, rue Saint-Denis, 101.
287	H. Marot,	— rue de Rivoli, 130.
289	Weber (Edmond-Henri),	Négociant, cité Trévise, 3.
293	Hattat (Frédéric),	Négoc., Cour des Petites-Écuries, 18.
294	Picou,	de la Maison Alexis Grellou.
296	Worth (Gaston),	Négociant, rue de la Paix, 7.
297	Widmer,	de la Maison Marcilhacy, Arbelot et Cie
298	Ruffier,	Négociant à Tarare (Rhône).
299	Baron,	— boul. Beaumarchais, 47.
300	Pillet,	— rue Montmartre, 155.
301	Révillon (Léon),	— rue de Rivoli, 81.
302	Dhubert,	— au Havre (Seine-Inf.).
304	Jalinoux,	— à Amiens (Somme).
306	Munier et Clémenceaux,	— rue de l'Échiquier, 34.
307	Raimon (Léon),	— rue du 4 Septembre, 19.

   MM.

310	Balliman (Léon),	Négociant, rue Bleue, 27.
313	V. Millet,	— rue des Panoyaux, 38.
314	Pittet,	— rue St-Denis, 226.
317	Bréville et Broust,	Négociants, boul. de Sébastopol, 90.
318	Cartier,	de la Maison Marcilhacy, Arbelot et Cie.
319	Humbert (Théophile),	Négociant, rue Vivienne, 13.
320	Rouveirollis,	— rue Montmartre, 117.
323	Legendre (Louis),	— rue d'Uzès, 9.
326	A. Depierre,	— rue du 4 Septembre, 7.
327	E. Roche,	— rue Montmartre, 85.
328	Bollack frères et fils,	- boul. de Sébastopol, 131.
329	Bourjalliat et Doucet,	— rue de Mulhouse, 5.
330	E. Sejournay,	Rep. de la Maison Bazin de Troyes.
331	M. Frings,	Négociant, rue St-Denis, 106.
332	L. Roiffé,	— rue du Sentier, 3.
334	Frère,	de la M^{on} Fréville et Baraduc.
336	A. Meslant,	Négociant, rue N.-D.-de-Nazareth, 13.
337	C. Eugène,	— rue des Bourdonnais, 31.
338	Duc,	— rue des Déchargeurs, 3.
340	Davigneau,	de la Maison Bandelier, Roche et Davigneau.
341	Gustave Meurgey,	Négociant, rue Thevenot, 5.
342	Gilbert Meurgey,	— —
343	Langlois,	— rue de Louvois, 7.
344	Delpouve aîné,	— rue de Lonchamp, 3.
345	E. Grillet,	— rue St-Martin, 259.
348	E. Selle,	— rue Vivienne, 20.
349	Worth (Jean),	— rue de la Paix, 7.
351	J. Villain,	— rue du Bac, 33,
353	Labille,	de la Maison du Petit-St-Thomas.
354	J. Delihu,	Négociant, boul. de Sébastopol, 36.
356	L. Clerc,	— rue St-Martin, 259.
358	Etienne (Louis),	— rue St-Martin, 155.
362	F. Genebrias,	— rue Vivienne, 23.
363	F. Vincent,	— rue du Sentier, 28.
364	Perdoux (Léon),	— rue N.-D.-des-Victoires, 40.
365	A. de Jardin,	— rue des Jeûneurs, 36.
366	Mompez,	— à Meaux (Seine-et-Marne).
368	Leclère (Edouard),	— rue Montmartre, 170.
369	J. Leclère,	— —
370	P. Staron,	Fabricant, à St-Etienne (Loire).
371	Oger,	Négociant, rue Montmartre, 128.
372	Lévy,	— rue Rambuteau, 14.
373	A. Rochereau,	— rue Grenéta, 64.

N⁰ˢ MM.

374	Ch. Gallois,	Négociant, rue de Rivoli, 128.
375	H. Gérard,	— id. id.
378	Duquesne,	— rue Baillif, 9.
379	F. D'hangest.	— boul. Sébastopol, 82.
380	Papillon (Louis).	— rue Charlot, 7.
381	Cognon (Alphonse).	— à Metz (Alsace-Lorraine).
382	P. Lonchamp,	— à Reims (Marne).
383	Drouot,	— à Chauny (Aisne).
384	Jaluzot (Jules),	— boulevard Haussmann, 70.
385	Lefrère (Léon),	— rue St-Martin, 155.
386	Dulieu,	— Cour des Petites-Écuries, 11.
388	Parmentier (Raymond),	Fabricant à Tourcoing (Nord).
389	Ch. Cossé et Brizard,	Négociant, rue du Sentier, 32.
390	Desnoue,	— à Dieppe (Seine-Inférieure).
391	Duché et Reyrel,	— rue du Sentier, 35.
392	Millet,	— rue des Capucines, 18.
393	Révillon (Théodore),	— rue de Rivoli, 79.
394	Révillon (Albert),	— —
395	E. Tresca,	— rue du Mail, 13.
396	Foix (Gustave),	— Faubourg-Saint-Honoré, 9.
397	E. Chicot,	— rue d'Aboukir, 27.
398	P. Gobaut,	de la maison Péron.
399	Kœchlin, Baumgartner et Cⁱᵉ,	Négociants, rue d'Uzès, 3.
400	E. Legenne,	de la Maison du Louvre.
401	Frings (Albert),	Négociant, rue des Petites-Écuries, 48.
402	J. Dalmon,	Pharmacien, Faubourg-Saint Denis, 80.
403	E. Martignac,	— rue Mazarine, 60.
404	A. Leroy,	— boulevard Ornano, 35.
405	E. Sineux,	— avenue de l'Opéra, 20.
406	Portier (Léon),	Négociant, rue d'Aboukir, 10.
407	Balliman (Emile),	— rue de l'Arbre-Sec, 21.
408	E. Bridault,	— rue de la Huchette, 27.
409	Kinsbourg-Fuld et Cⁱᵉ,	— rue de Cléry, 5.
410	Mégroz,	— rue d'Aboukir, 10.
411	A. Caillet.	— boulevard Sébastopol, 65.
412	Blanchardet,	— rue de la Paix, 23.
413	A. Frette,	— rue de Cléry, 36.
414	P. Viseur,	Pharmacien, rue Lecourbe, 112.
415	J. Normand, Benoist et Cⁱᵉ,	Négociants, rue du Sentier, 34.
416	E. Boose,	— rue de l'Échiquier, 22.
417	Duval (Emile),	— rue Sainte-Appolline, 6.
418	Janot,	Pharmacien, — 21.
420	Ungérer,	— rue La Condamine, 53.

N°° MM.	
421 Bordenave,	Négociant, rue Saint-Honoré, 115.
422 L. Moreau,	— av. de l'Observatoire, 31.
423 Geoffrion,	Pharm., r. de la Gde-Truanderie, 16.
424 Gigon,	Pharmacien, rue Coquillière, 28.
425 Julliard,	— rue Montmartre, 72.
426 Ladret,	— rue de Clichy, 79.
427 E. Sonnerat,	— rue Gaillon, 16
428 Copin,	Négociant, rue Vauvilliers, 39.
429 Foucault,	— passage Saulnier, 10.
430 Liédel,	— Boulevard Malesherbes, 94.
431 G. Bachimont,	— Faubourg-St-Denis, 201.
432 R. Guérin,	Pharmacien, rue St-Martin, 125.
433 Ciara,	de la Maison de la Ville de St-Denis.
434 Bauer (Maurice),	Négociant, rue Montmartre, 156.
435 Huot,	— rue d'Aboukir, 14.
436 Fillon,	— rue de Château lun, 4.
437 Parmentier,	— rue Lafayette, 130.
438 Roche (Théodore),	— rue de Richelieu, 62.
439 Figarol,	Pharmacien, rue des Lombards, 24.
440 Coton (René),	Manufacturier, Bd de la Chapelle, 121.
441 L. Cazin,	Pharmacien, Faubg-Montmartre, 32.

MEMBRES HONORAIRES ADMIS DEPUIS LE
1er JANVIER 1885.

M.	
442 E André.	de la Maison Loussel, Cauvin et Cie.
443 A. Schreiber.	Négociant, rue Vivienne, 22.

MEMBRES PARTICIPANTS.

Année d'admission	Nos d'admission	NOMS	Année d'admission	Nos d'admission	NOMS
		MM.			MM.
1864	3	Guérin (Emile-Alexandre).	1864	602	Coequelin (Auguste).
	8	Demazure (Adolphe-Constantin)		603	Adam (Frédéric).
	14	Dubasty (Joseph).		611	Morin (Charles).
	24	Caron (Alexandre).		623	Masselin (Théodore).
	26	Battendier (Ernest).		672	Combe (Eugène-Sébastien).
	28	Thiriet (François-Clément).		677	Vuillaume (François-Sébast.)
	31	Gorjat (Alexandre).		700	Violette (Principe-Étienne).
	33	Behuel (Louis-Emile).		723	Bruyant (Henri).
	60	Barbier (Arsène).		733	Machenaud (Émile).
	71	Trémino (Stéphane).		747	Frère (Gustave).
	87	Porché (Emile-Pierre).		793	Roussel (Jules-Jean).
	110	Vaas (Florent).		808	Rivière (Eugène-Jules).
	128	Schneider (Théophile).		822	Dénechère (Jean).
	132	Hurault (Louis).		831	Ponthieu (Guill.-Const.-Paul).
	135	Weydemann (Gustave).		846	Ollivier (Charles).
	138	Crosnier (Charles).		900	Vasseur (Gustave-Xavier).
	141	Delmasse (Achille).		924	Vichart (Michel).
	144	Renard (Emile).		932	Durignieux (Jules-Arthur).
	146	Million (Jules).		941	Guesnon (Noël-Désiré).
	159	Mahieux (Maximilien).		958	Mercey (Théodore).
	163	Ricois (Ernest).		962	Bretton (Antoine).
	204	Niquet (Eugène-Pierre).		978	Mme Dénéchère (Pauline).
	215	Asselbourg (Victor).		993	Bourgouint (Ch.-Désiré-Luc).
	266	Kauffmann (Jacques).		994	Mme Bourgouint (El.-Fanny-Cél.)
	282	Blanchet (Charles-Michel).		995	Bourgouint (Hip.-Ch.-Ase).
	292	Georget (Aimé-Louis-Charles).		1035	Bassery (Alphonse).
	319	Gabriel (Fulgence).		1049	Forty (Jean).
	356	Cantian Léon).		1157	Willem (Casimir).
	375	Dupuy (Claude)		1159	Labroquère (Maurice).
	411	Prod'homme (Amédée-Camill).		1169	Dorléans (Charles).
	476	Papineau (Charles).		1173	Ravault (Georges-Adolphe).
	491	André (Ernest-Louis).		1188	Jouy (Achille).
	496	Bourgeois (Marcel).		1205	Briand (Yves).
	518	Defrémont (Joseph-Pierre).		1221	Devaureix (Paul-François).

Année d'admission	Nos d'admission	NOMS	Année d'admission	Nos d'admission	NOMS
		MM.			MM.
1864	1256	Biou (Paul).	1866	2392	De Fonbonne (Édouard).
	1282	Labarre (Jules).		2417	Angot (Jules).
1865	1303	Mugnerot (Édouard).		2415	Hesse (Alexandre).
	1334	Walter (Auguste).		2455	Husson (Francis).
	1344	Gendry (Eugène).		2456	Retterer (Emile).
	1395	Poupinel (J.-Louis-Eug.-E.).		2493	Tournier (Jules).
	1408	Jolly (Alphonse).		2523	Bruel (Gustave).
	1430	Costier (Édouard).		2528	Chardin (Joseph).
	1440	Thomassu (Henri-Félix).		2543	Doignon (Joseph-Ernest).
	1480	Delandes (Léon).		2593	Liquié (Henri).
	1499	Fontaine (Alfred).		2605	Rigaud (Adolphe).
	1507	Serres (Joseph).		2649	Roux (Pierre).
	1544	Vandrisse (Angelo).		2661	Gonin (Antoine).
	1555	Marée (Eugène).		2725	Mme Jouvenel (Sophie-Marie).
	1560	Lalanne (Guillaume).		2762	Saintamand (Ernest-Stanislas).
	1618	Hamel (Arthur).		2833	Erck (Louis-Henri).
	1643	Leroy (Georges).		2860	Lote (Félix-René-Martin).
	1661	Magnier (Arthur).	1867	2914	Bachelot (Claude).
	1729	Lemoine (Gustave).		2925	Bochot (Simon-Clément).
	1739	Desains (Louis).		2939	Trésallet (Laurent).
	1754	Leemans (Jules).		2947	Campocasso (Ernest).
	1811	Fontaine (Alfred).		2971	Lahaye (Alphonse-Stéphane).
	1823	Defrémont (Louis-Prosper).		3010	Thézard (Gaston).
	1866	Bernard (Ed.-Louis-Antoine).		3031	Moulinier (Alexis-Antoine).
	1878	Mahieux (Just.-Joseph-Victor).		3153	Gosselin (Alexandre-Eugène).
	1935	Carbuccia (Antoine).		3232	Delage (Prosper).
	1970	Ledoux (Raphaël).		3262	Chevallier (Édouard).
	2033	Leroy (Henri).		3316	Caillot (Pierre).
	2081	Durand (Alexandre).		3317	Mme Caillot (Anny).
	2128	Mme Lagnier (Joséphine).		3328	Mme Bruyant (Marie-August.).
1866	2213	Levy (Lucien).		3376	Cagnet (Charles-Adolphe).
	2242	Cochepain (Gustave).		3443	Labbey (Aimé).
	2337	Vallée (Édouard-Omer).		3462	Gobillon (Henri-Charles)
	2338	Eugène (Stanislas).		3476	Rigault (Charles).
	2339	Mlle Bourgouint (El.-A.).		3517	Hervé (Paul-Raoul).
	2356	Manalt (Émile-Richard).	1868	3638	Savary (Victor).

Année d'admission	Nos d'admission	NOMS	Année d'admission	Nos d'admission	NOMS
		MM.			MM.
1868	3697	Malan (David).	1870	5080	Burel (Albert).
	3718	Thiercel (Ferdinand).		5157	Dautun (Charles).
	3722	Jacquinot (Adolphe).		5193	Gorjat (Gustave).
	3737	Lameth (Léonard).		5205	Mme Cagnet (Louise-Mélanie).
	3791	Vachon (Édouard).		5235	Lamade (Louis).
	3857	Berthaud (Joannès).		5260	Desdouit (Léon).
	3892	Carrière (Paul).	1871	5267	Peschard (Louis).
	3920	Reynolds (François-Brady).		5278	Briand (Hippolyte).
	3925	Mercier (Henri).		5292	Bourdoux (Jean).
	3936	Jeannot (Jules)		5307	Tournery (Arthur).
	3975	Garrigue (Jean-Baptiste).		5310	Wigneron (Arthur-Charles).
	4026	Dénéchère (Prudent).		5313	Paren (Emmanuel).
	4027	Dénéchère (Gaston).		5314	Bossonnez (Joseph).
	4055	Herhinlère (Georges).		5327	Louchart (Jules-Émile-Joseph)
	4065	Grosgeorge (Joseph).		5316	Trouvé (Édouard).
	4069	Chamot (Gustave-Henri).		5350	Gaudel (Paul-Henri).
	4087	Adam (Louis)		5358	Frotey (Léon).
	4094	Vincler (Auguste-Gustave).	1872	5388	Brun (Jules).
	4123	Lefebvre (Jules-Auguste).		5398	Galbrun (Jules).
	4261	Siry (Jules).		5399	Chapuisot (François-Xavier).
1869	4294	Combes (Jean-François).		5404	Cocquelin (Eugène-Frédéric).
	4316	Coussot (Pierre).		5413	Lestrade (Martial).
	4316	Mandavy (Aimé-Romain).		5418	Pujos (Hippolyte).
	4347	Mme Mandavy (Flore-Célestine)		5425	Blois (Albert-Louis).
	4381	Henriet (Auguste-Louis).		5448	Turpin (Adolphe).
	4383	Contro (Gustave).		5458	Ricou (Auguste).
	4386	Pariot (Jean-Alfred).		5459	Laborie (Isidore).
	4418	Lafaye (Émile).		5476	Desfosse (Léon-Eugène).
	4433	Nouvelle (Henri).		5477	Dorléans (Jules).
	4476	Mme Moulinier (Célina).		5486	Chesneau (Aristide).
	4497	Cagniart (Alphonse).		5503	Tirot (Louis-Albert).
	4559	Gachet (François-Marie).		5517	Guibourgé (Émile-Adrien).
1870	4824	David (Augustin).		5520	Delarue (Georges).
	4865	Girard (Achille-Henri-Charles).		5521	Pochet (Louis).
	4872	Couillard (Henri-François).		5529	Roussel (Juste).
	4897	Damois (Arthur).		5541	Siry (Alphonse).

Année d'admission	Nos d'admission	NOMS	Année d'admission	Nos d'admission	NOMS
		MM.			MM.
1872	5550	Grébent (Édouard).	1873	5857	Merlin (Louis).
	5551	Calippe (Gaston).		5861	Laroche (Édouard).
	5563	Combes (Hippolyte).		5868	Martin (Firmin).
	5567	Léger (François).		5876	Cussac (Hippolyte).
	5585	Lorin (Charles-Ernest).		5882	Béguin (Pierre-Claude).
	5586	Mme Lorin (Léontine-Ernest.).		5893	Jenny (Eugène).
	5595	Paquis (Léandre).		5898	Droguet (Ernest).
	5613	Hacholle (Léon).		5912	Champion (Raoul-Adrien).
1873	5641	Bochu (Stéphane).		5914	Monnier (Eugène).
	5644	Yvon (Léon-François).		5920	Volff (Ernest).
	5672	Boette (Antonin).		5932	Dubourg (Albert).
	5675	Marchand (Gaudens-Antoine).		5936	Couraly (Antoine).
	5678	Rochoux (Émile).		5939	Boulet (Adolphe).
	5699	Paulin (Théodore).		5944	Lefèvre (Armand).
	5700	Meunier (Jacques).		5962	Marchand (Édouard).
	5701	Mme Meunier (Laur.-Al.-Eug.).		5990	Lombard (Henri).
	5726	Fouace (Édouard-Célestin).		5997	Double (Camille).
	5727	Trystram (Auguste).		6010	Travœu (Charles-Marie).
	5729	Henry (Victor).	1874	6020	Dupin (Zacharie).
	5741	Morel (Léon).		6021	Puzenat (Antoine).
	5742	Mougel (Paul).		6023	Cluzet (Alexandre).
	5747	Bos (Jean).		6025	Rougé (Léon).
	5750	Hue (Paul-Étienne-Cyrille).		6027	Merier (Arthur).
	5756	Fried (Félix).		6028	Vidal (Firmin).
	5773	Flamant (Paul-Amédée).		6033	Moreau (Aimé).
	5777	Davion (Edmond).		6042	Secouet (Edmond).
	5779	Mme Bossonnez (Marie).		6044	Peuvret (Henri).
	5784	Bellin (Ernest).		6047	Secouet (Eugène).
	5786	Planté (Pierre).		6050	Fille (Léonce).
	5809	Devienne (Hugues-Fr.-Amb.).		6061	Migraine (Alphonse).
	5815	Gasnier (Modeste).		6069	Potier (Louis).
	5824	Soubiran (Marius).		6070	Saunier (Ermans).
	5826	Lévy (Henri).		6073	Hughes (Édouard).
	5835	Travers (Auguste).		6074	Davenne (Joachim).
	5850	Pétry (Édouard).		6075	Poirier (Théophile).
	5851	Cabanis (Ferdinand).		6076	Haller (Jean).

Année d'admission	Nos d'admission	NOMS	Année d'admission	Nos d'admission	NOMS
		MM.			MM.
1874	6077	Le Cloître (François).	1874	6297	Halley-Desfontaines (Louis).
	6080	Blavin (Jules-Virgile).		6312	Courtois (Auguste).
	6081	Mme Cocquelin (Ern.-Élisab.).		6319	Guilleminot (Léon).
	6103	Brénot (Paul).		6321	Ray (Gilbert).
	6106	Demarest (Albert).		6328	Gros (Jules).
	6107	Goyon (Hippolyte).		6332	Mme Damois (Augustine).
	6108	Quilleré (Amédée).		6336	Bizoüard (Lucien).
	6112	Radulphe (Raoul).		6339	Potier (Jules).
	6126	Goisot (Émile).		6353	Tarnat (Alexandre).
	6146	Mermillod (Joseph).		6354	Beautemps (Pierre).
	6147	Crosnier (Émile).		6355	Leparquois (Léon).
	6168	Cordeau (Alfred).		6360	Langlois (Eugène).
	6173	Picard (Edmond).		6370	Simonel (Hubert).
	6175	Meffre (Ulysse).		6388	Vermond (Joseph).
	6180	Faucqueux (Louis).		6398	Valaux (Eugène).
	6185	Hébert (Léon).		6423	Coussot (Gustave).
	6186	Salvaudon (Jules).		6424	Freyermouth (Célestin).
	6188	Baud (Joseph).		6452	Mme Chapuisot (Adèle).
	6190	Martin (Julien).		6456	Lapeyre (Claudius).
	6191	Guérin (Frédéric).	1875	6466	Fourbet (Jean).
	6193	Philippe (Charles).		6469	Rollin (Antoine).
	6198	Meret (Gervais).		6472	Papillon (Léon).
	6199	Cirou (Émile).		6483	Forel (Aimable).
	6207	Larivière-Renouard (Jules).		6488	Gasselin (Arsène).
	6210	Paquin (Gustave).		6490	Binet (Armand).
	6213	Gervilliers (Paul).		6494	Lévy (Édouard).
	6214	Mme Gervilliers (Albertine).		6497	Lehuic (Auguste).
	6215	Mlle Gervilliers (Anita).		6501	Voisin (Antony).
	6217	Boulet (Émile).		6503	Fouchard (Albert).
	6244	Henriet (Ernest).		6503	Mme Briand (Sophie).
	6254	Nisseron (Augustin).		6526	Tessier (Henri).
	6257	Dusserre (Hippolyte).		6527	Pavi (Eugène).
	6261	Sagnier (Léonce).		6534	Lemoine (Hippolyte).
	6266	Mme Herbinière (Jenny).		6535	Barbier (Charles-Ernest-Simtos-Alfred).
	6270	Vitel (Achille).		6548	Legrand (Henry-Charles).
	6290	Chauvin (Léopold).		6551	Revel (Anthime).

Année d'admission	Nos d'admission	NOMS	Année d'admission	Nos d'admission	NOMS
		MM.			MM.
1875	6552	Rivet (Emile).	1875	6848	Courtaud (Louis).
	6553	Souillard (Edouard).		6850	Guilbert (Hector).
	6554	Landel (Philippe).		6875	Delcominète (Ernest).
	6555	Baret (Auguste).		6884	Allorge (Désiré).
	6561	Dalifard (Félix).		6897	Delafond (Eugène).
	6562	Mme Dalifard (Marie).		6905	Gaillardin (François).
	6576	Chanteloup (Isidore).		6918	Marel (Jules).
	6587	Hannkiewicz (Alexandre).		6919	Lajouanie (Paul).
	6617	Pillot (Ernest).		6920	Mme Lameth (Berthe).
	6624	Duviquet (Georges).		6921	Destrés (Jules).
	6627	Lecomte (André).		6926	Cotenson (Jules).
	6628	Maire (Victor).		6927	Capaccini (Victor).
	6656	Reveilhac (Jules).		6933	Sineux (Albert).
	6693	Lelong (Achille).	1876	6946	Canen (Emile).
	6700	Bühler (Théodore).		6954	Mme Crosnier (Emma).
	6702	Thirot (Emile).		6956	Montel (Grégoire).
	6707	Mme Loto (Arseline).		6960	Galland (Henri).
	6711	Lutel (Arsène).		6962	Ascoli (David).
	6715	Falot (Alexandre).		6964	Barbier (Emile).
	6717	Mme Briand (Mathilde).		6966	Mlle Bastide (Blanche).
	6749	Guigon (Jules).		6973	D'Enneval (Fernand).
	6755	Besson (J.-Marie).		6975	Delacloche (Gaston).
	6760	Delale (Eugène).		6976	Mme Fried (Marie).
	6765	Salvan (Edmond).		6979	Séré (Henri).
	6767	Nicolas (Yves).		6987	Pinson (Jules).
	6789	Hoquard (Ferdinand).		6993	Guérin (Lowinski).
	6790	Secretin (Alexandre).		6995	Mlle Bourgouint (Angelina).
	6791	Laffay (Antoine).		6999	Doche (François).
	6801	Roudil (Adrien).		7004	Bienfait (Hilaire).
	6807	Viguié (Eugène).		7019	Viers (Louis).
	6808	Dodu (Raphael).		7025	Degouys (Eugène).
	6809	Maitrot (Gustave).		7030	Prevost (Emile).
	6812	Leboucher (Léopold).		7041	Lestrade (Jenulphe).
	6819	Letorsay (Georges).		7042	Dresch (Amédée).
	6825	Bourse (Arsène).		7049	Roussel (J.-Marie).
	6837	Pincel (Léon).		7051	Frogerais (Jules).

Année d'admission	Nos d'admission	NOMS	Année d'admission	Nos d'admission	NOMS
		MM.			MM.
1876	7062	Rouilliot (Hippolyte).	1876	7285	Fortier (Victor).
	7063	Gabet (Gustave).		7288	Straub (Félix).
	7074	Huard (Jean).		7295	Bouvier (Joseph).
	7079	Figeac (Laurent).		7310	Midan (Raoul).
	7091	Cingal (Armand).		7316	Manoury (Eugène).
	7094	Rangeard (Ferdinand).		7319	Faivre (Octave).
	7095	Mme Rangeard (Marie).		7322	Serorge (Paul).
	7099	Garçonnet (Alfred).		7323	Bourdois (Jules).
	7102	Lalanne (Charles).		7331	Morhange (Léon).
	7121	Ligaud (Jules).		7335	Severin (Gustave).
	7123	Delille (Amédée).		7342	Turmel (Stanislas).
	7126	Viot (Joseph).		7347	Lecoq (Edouard).
	7143	Meslier (Émile).		7350	Doverio (Pierre).
	7145	Turpin (Henri).		7352	Riboulet (Léopold).
	7148	Degenne (Désiré).		7355	Laurens (Alexandre).
	7152	Barreau (Auguste).		7368	De Morant (Ernest).
	7155	Mme Delille (Marie).		7371	Sorin (Clément).
	7170	Kohler (Théodore).		7377	Dury (Ernest).
	7183	Jolly (Louis).		7382	Costilhes (Antonin).
	7206	Malherbe (Henri).		7391	Péquignot (Léon).
	7220	Caire (Albert).		7401	Doly (Léon).
	7223	Couëtil (Louis).	1877	7408	Bessière (Pierre).
	7226	Faure (Jacques).		7416	Junquet (Edmond).
	7231	Daridan (Alphonse).		7417	Bedos (Alfred).
	7241	Becquet (Marius).		7418	Parisot (Gustave).
	7244	Breugnot (Paul).		7428	Daressy (Casimir).
	7247	Desprez (Charles).		7433	Feittlinger (Jules).
	7248	Mme Pujos (Claire).		7435	Burel (Hippolyte).
	7249	Labrunie (Paul).		7436	Demerlé (Adolphe).
	7261	Thomann (Charles).		7448	Geas (Charles).
	7270	Barat (Etienne).		7449	Hebert (Alphonse).
	7273	Roussel (Julien).		7455	Leullier (Étienne).
	7277	Pichard (Prudent).		7457	Guilleminot (Hippolyte).
	7278	Grivot (Jules).		7468	Guyon (Marcel).
	7281	Mme Ligaud (Dominiquette).		7471	Chaudière (Antoine).
	7284	Géraud (Jean).		7479	Mme Dutot (Adèle).

Année d'admission	Nos d'admission	NOMS	Année d'admission	Nos d'admission	NOMS
		MM.			MM.
1877	7482	Prevost (Henri).	1877	7669	Adam (Emile).
	7483	Mme Riboulet (Eugénie).		7672	Béchet (Félicien).
	7484	Riboulet (André).		7674	Mme Garçonnet (Adolphine).
	7492	Viquesnel (Adrien).		7679	Loir (Alexis).
	7494	Biaggini (Victor).		7691	Guillemot (Auguste).
	7497	Prémpain (Auguste).		7694	Piscot (Emile).
	7507	Blique (Elphége).		7700	Antraigues (Prosper).
	7509	Jacquemart (Arthur-Eugène).		7708	Mestayer (Philippe).
	7517	Bègue (Gustave-Auguste).		7709	Besson (Arthur.)
	7530	Coquillon (Hippolyte).		7710	Melzi (Jean-Baptiste).
	7540	Delville (Désiré).		7718	Hamard (Louis).
	7544	Jabouille (Clément).		7719	Tranquille (Georges).
	7546	Rosel (Emile).		7726	Ruiz (Eugène).
	7547	Mme Rosel (Maria).		7727	Anginiot (Léon).
	7548	Tarrade (Jules).		7729	Martin (Henri.).
	7572	Dauphin (Louis).		7730	Bohn (Michel).
	7574	Cade (Walter).		7731	Bourcet (Anatole).
	7589	Paulmard (Alexis).		7733	Thiebaux (Joseph).
	7591	Turpin (Henri).		7742	Musset (Jules).
	7593	Sagot (Marius).		7743	Quelen (Emile).
	7599	Guy (Ernest).		7756	Barré (François).
	7630	Orcellet (Antoine).		7770	Lefebvre (Alfred).
	7604	Copin (Pierre).		7773	Roquet (Auguste).
	7605	Mme Copin (Sophie).		7774	Souliard (Camille).
	7614	Marelle (Henri).		7775	Mme Souliard (Augustine).
	7616	Scelle (Auguste).		7777	Warmé (Édouard).
	7617	Egroizard (Alfred).		7784	Mlle Chapuisot (Marthe)
	7620	Menot (Léon).		7786	Guillon (Louis).
	7622	Colin (Philippe).		7796	Canel (Paul).
	7623	Girault (Alexandre).		7812	Ribière (Pierre).
	7635	Mme Marée (Cécile).		7813	Sparnaud (Alfred).
	7642	Bruner (Jules).		7835	Peuvrier (Paul).
	7649	Vasseur (Étienne).		7841	Turcat (Gabriel).
	7653	Ponge (Gaston).		7846	Beaufour (Henri).
	7664	Leduc (Emile).		7847	Blin (Georges).
	7665	Molenat (Firmin).		7849	Guionnet (Maurice).

Année d'admission	Nos d'admission	NOMS	Année d'admission	Nos d'admission	NOMS
		MM.			MM.
1877	7850	Mme Guionnet (Nathalie).	1878	7993	Mme Bègue (Victorine).
	7867	Callipel (Victor).		7998	Delort (Charles).
	7876	Malécot (André).		8005	Charronnat (Albert).
	7877	Mme Malécot (Clotilde).		8007	Catelin (Paul).
	7879	Lediou (Fernand).		8009	Olive (Auguste).
	7881	Gallet (Alcide).		8011	Delpouve (Louis).
	7885	Bretton (Paul).		8016	Vidal (Albert).
1878	7892	Fumey (Anatole).		8017	Fardin (Eugène).
	7894	Froissard (Louis).		8018	Paly (Gustave).
	7899	Mme Léger (Clémence).		8021	Daspre (François).
	7901	Bernard Vincent).		8024	Bouché (Emée).
	7903	Pigney (Eugène).		8027	Albustroff (Armand).
	7908	Roth (Maurice).		8032	Guimbal (Jean).
	7914	Guenin (Alexandre).		8011	Paturel (Robert).
	7917	Odile (Jules).		8045	Roy (Maurice).
	7922	Lepère (Jules).		8052	Joubert (Jacques).
	7930	Asselbourg (Eugène).		8055	Barré (Georges).
	7932	Mme Courtaud (Mélanie).		8056	Pothier (Auguste).
	7933	Coiron (Robert).		8062	Trillot (Alexis).
	7934	Grézillier (Léon).		8063	Minuel (Paul).
	7937	Figuier (François).		8069	Mme Durignieux (Georgette).
	7948	Mme Peuvret (Eugénie).		8070	Regnoult (Henri).
	7950	Driancourt (Philippe).		8072	Croux (Charles).
	7951	Poirier (Charles).		8079	Mme Adam (Eugénie).
	7953	Melle Adam (Eugénie).		8092	Sabatté (Joseph).
	7954	Galland (Alexis).		8103	Schwalp (Arsène).
	7956	Leclerc (Léon).		8105	Masson (Paul).
	7958	Denis (Michel).		8112	Seroz (Emile).
	7960	Mme Dusserre (Joséphine).		8115	Girault (Robert).
	7962	Dlugoszewski (Stanislas.)		8116	Chevalier (Auguste).
	7963	Chapoullie (Auguste).		8117	Michel (Honoré).
	7975	Renaud (Léon).		8118	Bimard (Georges).
	7977	Berthollet (Antoine).		8128	Bourlet (Paul).
	7981	Doisy (Edouard).		8138	Lechapt (Albert).
	7982	Delaville (Edouard).		8139	Moricet (Auguste).
	7985	Lévy (Jean).		8145	Carael (Alexandre).

Année d'admission	Nos d'admission	NOMS	Année d'admission	Nos d'admission	NOMS
		MM.			MM.
1878	8146	Cornuault (Emile).	1878	8355	Clerc (Alfred).
	8149	Colledebœuf (Louis).		8358	Leclerc (Jules).
	8158	Bellanger (Jules).		8367	Mme Bourlet (Reine).
	8172	Gougelin (Charles).		8368	Asso (Ernest).
	8180	Frison (Lucien).		8379	Meurdrac (Charles).
	8184	Guillaumaud (Paul).		8386	Brailly (Marcel).
	8185	Schnerb (Ernest).		8387	Mme Bertholet (Camille).
	8187	Guernon (Emile).		8391	Bonnet (Eugène).
	8190	Ray (Jean).		8396	Barbier (Jules).
	8192	Toussaint (Paul).		8397	Labrosse (Louis).
	8193	Corraze (Clovis).	1879	8403	Barbier (Joseph).
	8196	Claisse (Arthur).		8406	Debaumont (René).
	8197	Brugel (Auguste).		8412	Poulle (Alexandre).
	8208	Gamel (Auguste).		8413	Rose (Lucien).
	8224	Dujarrier (Jules).		8414	Vermond (Auguste).
	8238	Droguet (Eugène).		8420	Aude (Paul).
	8239	Allix (Ernest).		8422	Bonnet (Antoine).
	8262	Garden (Claudius).		8426	Dontot (Auguste).
	8277	Mme Denis (Rosine).		8440	Néel (Arsène).
	8278	Sambon (Alfred).		8443	Jeandet (Edmond).
	8279	Presseq (Léonce).		8459	Lefèvre (Aurélien).
	8283	Piquard (Emile).		8462	Laure (Auguste).
	8300	Haumesser (Alphonse).		8463	Mme Laure (Berthe).
	8302	Beaujean (Jules).		8470	Sadler (Réné).
	8303	Bontemps (René).		8480	Hertz (Silvain).
	8310	Jalabert (Henri).		8483	Deloume (Edouard).
	8320	Moncel (Paul).		8484	Dieudonné (Isidore).
	8321	Uzal (Henri).		8486	Berthelot (François).
	8327	Deraymond (Achille)		8487	Monnanteuil (Placide).
	8330	Guillemette (Louis).		8489	Fournier (Louis).
	8337	Philippart (Ernest).		8490	Issaly (Etienne).
	8344	Deborde (Nicolas).		8498	Courtial (Jules).
	8348	Boussion (René).		8499	Creuzet (Edouard).
	8349	Pâris (Eugène).		8506	Hudbert (Hippolyte).
	8350	Tardieu (Théodore).		8507	Lepère (Henri).
	8351	Richier (Cyprien).		8508	Planer (Charles).

Année d'admission	Nos d'admission	NOMS	Année d'admission	Nos d'admission	NOMS
		MM.			**MM.**
1870	8509	Mme Planer (Célestine).	1879	8671	Lion (Charles).
	8510	Marsille (Jules).		8675	Cartault (Jean).
	8514	Leroy (Henri).		8676	Marelle (Henri-Stanislas).
	8517	Marquez (Émile).		8684	Jannin (Henri).
	8526	Peyrusson (François).		8686	Coëlle (Léon).
	8529	Leduc (Albert).		8688	Genein (Georges).
	8531	Rey (François).		8693	Guesnon (Alfred).
	8536	Maréchal (Philippe-Eugène).		8695	Branda (Camille).
	8545	Brouard (Edgard).		8705	Clouet (Gustave).
	8549	Grézoux (Jean).		8709	Durassier (Gaston).
	8553	Guilloud (Fernand).		8712	Deville (Émile).
	8555	Richard (Jules).		8717	Voisin (Ulysse).
	8556	Lévêque (Adolphe).		8718	Torres (Antonio).
	8564	Dauphin (Eugène).		8720	Chausson (Léon).
	8567	Brocard (Paul).		8721	Balay (Gaston).
	8570	Boucheul (Joseph).		8722	Bertier (Firmin).
	8573	Faure (Jean-Baptiste).		8723	Mlle Gervilliers (Maria).
	8577	Marchant (Simon).		8729	Lorin (Eugène).
	8582	Yvonneau (Jules).		8731	Roy (Georges).
	8586	Hébert (Léon).		8733	Couturier (Eugène).
	8591	Doux (François).		8735	Mme Duval (Constance).
	8596	Boutard (Henri).		8740	Mme Driancourt (Lucie).
	8598	Beaucousin (Victor).		8752	Devaux (Louis).
	8599	Lhullier (Louis).		8753	Bois (Alfred).
	8601	Prodhomme (Arthur).		8761	Mme Jeandet (Irma).
	8608	Cormier (Alexandre).		8762	Mlle Bourlet (Camille).
	8614	Auger (Auguste).		8764	Sélignac (Marius).
	8615	Goergen (Henri).		8767	Poubeau (Fix).
	8617	Leduc (Prosper).		8769	Lanez (Hector).
	8636	Simon (Jean).		8771	Bondierlange (Adolphe).
	8649	Delcourt (Victor).		8776	Dupuich (Edmond).
	8658	Pradère-Niquet (Gabriel).		8783	Mme Faure (Eulalie).
	8659	Boucherie (Désiré).		8785	Chauveau (Albert).
	8661	Labat (Jean).		8787	Suzanne (Charles).
	8662	Teste (Louis).		8789	Marteroy (Jules).
	8664	Demanet (Alfred).		8791	Vanherselle (Eugène).

Année d'admission	Nos d'admission	NOMS	Année d'admission	Nos d'admission	NOMS
		MM.			MM.
1879	8794	Claverie (Louis).	1879	8919	Dano (Louis).
	8804	Gaudron (Henri).		8921	Terry (Louis).
	8818	Desray (Françis).		8928	Lévy (Michel).
	8819	Robard (Ferdinand).		8930	Schéerer (Alexandre).
	8820	Mme Robard (Emma).		8933	Mme Rougé (Elisa).
	8826	Limet (Louis).		8937	Moulin (Charles).
	8827	Masson (Ferdinand).		8939	Lacombe (Lucien).
	8828	Moreau (Auguste).		8947	Lagaisse (Oscar).
	8829	Hekman (Corneille).		8951	Hecquet (Clovis).
	8830	Gaudrion (Stanislas).		8957	Bonnnessien (Alphonse).
	8831	Quard (Anatole).		8958	Daniel (Jacques).
	8834	Chaumette (Emile).		8960	Boisseau (Georges).
	8837	Ziegelmoyer (Albert).		8961	Malinet (Léon).
	8840	Caillière (Félix).		8962	Sarrazin (Noël).
	8841	Diaume (Charles).		8964	Mettier (Jules).
	8842	Legenissel (Charles).		8980	Chaulvin (Marius).
	8848	Proisy (Lucien).		8984	Alliou (Georges).
	8849	Gabet (Achille).		8987	Giscard (Jules).
	8854	Mme Dresch (Emilie).		8992	Prost (Jean).
	8860	Mme Vichart (Emilie)		996	Letienne (Joseph).
	8862	Bieau (Auguste).		9002	George (Frédéric).
	8863	Boisseau (Louis).		9003	Oberlin (Ernest).
	8880	Pierson (Alfred).		9097	Boulay (Georges).
	8881	Mme Pierson (Augustine).		0010	Coquentin (Alfred).
	8885	Cœurdevay (Emile).		9011	Colson (Louis).
	8888	Chapert (François).		9012	Cherrier (Gabriel).
	8891	Pritz (Alexandre).		9015	Stouff (Emile).
	8893	Prioset (Edouard).		9016	Sallé (Emile).
	8898	Hovine (Charles).		9018	Lévy (Eugène).
	8900	Payan (Théophile).	1880	9022	Vervial (François).
	8901	Barbier (Francois).		9024	Larrebat (Paul).
	8902	Ancion (Félix).		9026	Bizet (Henri).
	8903	Mlle Mandary (Aimée).		9027	Bellot (Léon).
	8912	Garrez (Pierre)		9028	Mme Bellot (Marie).
	8915	Chomet (Henri).		9030	Day (Auguste).
	8917	Chanssalet (Edmond).		9035	Boisson (Alphonse).

— 63 —

Année d'admission	N° d'admission	NOMS
		MM.
1880	9042	Rochez (Léon).
	9043	Gras (Henri).
	9048	Pansard (Jean).
	9049	Prouvèze (Charles).
	9051	Roy (Gaston).
	9069	Lamort (Alfred).
	9070	Mme Lamort (Adolphine).
	9073	Darbas (Antoine).
	9080	Gardy (Prosper).
	9085	Marlin (Jean).
	9087	Roger (Gustave).
	9089	Costes (Edouard).
	9092	Mme Guesnon (Blanche).
	9099	James (Paul).
	9100	Jacoton (Paul).
	9107	Vogelesang (Emile).
	9111	Procureur (Arthur).
	9112	Cousin (Jean).
	9116	Girard (André).
	9117	Legrand (Emile).
	9119	Noël (Emile).
	9120	Didot (Jules).
	9122	Guibillon (Joseph).
	9124	Gardez (Octave).
	9131	Mantin (Eugène).
	9132	Porcher-Labreuil (Fernand).
	9133	Regnaud (Alexandre).
	9134	Thouverey (Pierre).
	9135	Couillard (Constant).
	9150	Luzeau (Louis).
	9151	Mme Luzeau (Malvina).
	9156	Tétu (Jules).
	9157	Tinard (Louis).
	9158	Guillot (Denis).
	9159	Didry (Réné).
	9162	Pascault (Eugène).

Année d'admission	N° d'admission	NOMS
		MM.
1880	9163	Lavergne (François).
	9164	Boy (Firmin).
	9165	Truffot (Alphonse).
	9167	Mme Marchant (Eugénie).
	9169	Richard (Julien).
	9170	Mme Monnier (Constance).
	9171	Aubert (Etienne).
	9172	Aubert (Réné).
	9176	Hermelin (Jules).
	9177	Thomas (Antony).
	9179	Marie (Albert).
	9180	Giffard (Théophile).
	9181	Van-Enten (Adolphe).
	9185	Fort (Alfred).
	9186	Mme Fort (Berthe).
	9187	Delpouve (Jules).
	9188	Gaubert (Henri).
	9189	Jarles (Félix).
	9190	Maag (Jean).
	9191	Muller (Maurice).
	9192	Vuillermoz (Wladimir).
	9193	Rayer (Gaston).
	9196	Pescheteau (Félix).
	9197	Keller (Robert).
	9199	Dunoyer (Maurice).
	9202	Castet (Hilaire).
	9203	Castet (Jean).
	9204	Deloche (Alfred).
	9205	Venot (Charles).
	9207	Mme Couillard (Adèle).
	9208	Leprêtre (Valéry).
	9221	Augot (Jules).
	9222	Delarbre (Eugène).
	9223	Malassis (Désiré).
	9227	Laganne (Victor).
	9233	Petit (Etienne).

Année d'admission	Nos d'admission	NOMS	Année d'admission	Nos d'admission	NOMS
		MM.			**MM.**
1880	9236	Gaston (Edmond).	1880	9337	Mlle Dalifard (Adrienne).
	9241	Lequermain (Raphaël).		9344	Alleau (Félix).
	9242	Lévy (Gaston).		9347	Mathieu (Jules).
	9250	Giorgis (Victor).		9348	Vasse (Adolphe).
	9260	Lorin (Albert).		9351	Louette (Louis).
	9261	Trannoy (Hector).		9358	Duchemin (Oscar).
	9262	Mme Bochu (Marie).		9359	Coffinier (Blanchard).
	9268	Gaucheron (Edouard).		9363	Jallamion (Pierre).
	9269	Laumont (Charles).		9364	Martin (Alfred).
	9271	Rémy (Emile).		9371	Lepine (Henri).
	9273	Dufour (Edouard).		9378	Blum (Gustave).
	9275	Boyer (Auguste).		9379	Boeris (Léon).
	9277	Ledanois (Alfred).		9385	Durand (Eugène).
	9278	Melchior (Eugène).		9386	Entrebies (Simon).
	9279	Repiquet (Henri).		9387	Favre (François).
	9280	Balazuc (Alfred).		9389	Mahin (François).
	9281	Dulys (Hector).		9391	Paquis (Albert).
	9282	Gauthier (Eugène)		9393	Ripoche (Paul).
	9283	Milliet (Pierre).		9394	Mme Vuillermoz (Joséphine).
	9284	Reitz (Auguste).		9398	Debout (Emile).
	9289	Martin (Alfred).		9399	Poirel (Joseph).
	9290	Romain (Jules).		9400	Utz (Henri).
	9292	Rayer (Victor).		9401	Mme Utz (Clotilde).
	9295	Delanoy (Edmond).		9407	Arnaudon (Armand).
	9297	Fréjaville (Jean).		9411	Bailly (Henri).
	9298	Gaudfroy (Henri).		9414	Gaertner (François).
	9308	Boucheron (Alexandre).		9415	Mme Gaertner (Blanche).
	9309	Fougeray (Gustave).		9418	Moreau (Gaston).
	9313	Lacourt (Henri).		9419	Besse (André).
	9319	Bousquet (Gaston).		9424	Pierrot (Victor).
	9323	Lapointe (Edmond).		9436	Goupil (Victor).
	9324	Laverrière (Joseph).		9442	Durand (Auguste).
	9326	Michelet (Alphonse).		9443	Levêque (Auguste).
	9329	Picard (Amand).		9444	Aguttes (Gustave).
	9331	Lafitan (Ernest).		9448	Mme Gardy (Anaïs).
	9336	Métral (Anselme).		9457	Bart (Théophile).

Année d'admission	Nos d'admission	NOMS	Année d'admission	Nos d'admission	NOMS
		MM.			**MM.**
1880	9458	Chommeton (Jules).	1880	9576	Delille (Gabriel).
	9460	Mme Allart (Marie).		9578	Lelore (Gaston).
	9461	Cottret (Gustave).		9579	Reitz (Ernest).
	9465	Chatagnon (Octave).		9580	Rosso (Maurice).
	9466	Laforest (Achille).		9581	Delvaux (Albert).
	9469	Legoupil (Martin).		9582	Loyau (Léonce).
	9472	Mlle Utz (Fernande).		9593	Delseriès (Orcar).
	9475	Fleurant (Vincent).		9597	Sadler (Léon).
	9477	Jean (Alphonse).		9598	Thierry (Charles).
	9478	Claverie (Antoine).		9599	Devienne (Ernest).
	9481	Liabeuf (Jean-Marie).		9600	Jousselin (Célestin).
	9491	Westerman (Eugène).		9601	Galdin (Frédéric).
	9492	Auriau (Paul).		9604	Borne (Emile).
	9501	Brogard (Lucien).		9605	Garnier (Léon).
	9506	Tiéchon (Edouard).		9606	Roussel (Armand).
	9526	Boursier (Charles).		9607	Sarazin (Charles).
	9527	Anthonioz (Lucien).		9609	Douin (Ernest).
	9528	Beckmann (Auguste).		9611	Allée (Gustave).
	9529	Berthier (Edouard).		9617	Moreau (Henri).
	9530	Chanu (Henri).		9620	Mme Castet (Jeanne).
	9531	Dreyfus (Léopold).		9621	Guilloux (Michel).
	9532	Edeline (Alfred).		9624	Coquelet (Louis).
	9536	Jacoton (Auguste).		9633	Jacob (Jacques).
	9541	Papirer (Achille).		9634	Parmentier Emile).
	9543	Revel (Adolphe).		9636	Acremant (Auguste).
	9544	Rodenfuser (Georges).		9638	Mme Didot (Juliette).
	9549	Courtois (Edmond).		9640	Lemercier (Georges).
	9550	Litrem (Augustin).		9641	Leroy (Eugène).
	9551	Vendel (Ernest).		9642	Morin (Gustave).
	9553	Mlle Lorin (Marie).		9643	Peters (Emile).
	9554	Aulon (Edme).		9646	Rey (Frédéric).
	9558	Guigou (Camille).		9648	Guichard (Gustave).
	9561	Houssot (Camille).		9649	Lucas (Georges).
	9563	Hutpin (Charles).		9650	De Berüe (Stanis'as).
	9569	Bréard (Albert).		9651	Gaire (Jean-Baptiste).
	9574	Tournesac (Georges).		9654	Tétu (Félix).

Année d'admission	N°s d'admission	NOMS	Année d'admission	N°s d'admission	NOMS
		MM.			MM.
1880	9656	Pinchaud (Antonin).	1880	9743	Manouville (Augustin).
	9659	Loubaud (Henri).		9744	Trauet (Albert).
	9660	Taupin (Gaston).		9745	Conrad (Charles).
	9663	Jallamion (Henri).		9751	Morin (Albin).
	9665	Marchandet (Pierre).		9753	Colin (Jean).
	9668	Dujardin (Armand).		9760	Goffez (Alphonse).
	9669	Dubois (Albert).		9766	Lemaître (Octave).
	9670	Gozzi (Joseph).		9769	Sauvage (Auguste).
	9672	Viallet (Claudius).		9770	Pailleux (Octave).
	9675	Lévy (Albert).		9780	Mme Besson (Suzanne).
	9677	Guyonet (Charles).		9781	Boitelet (Victor).
	9678	Blaye (Jules).		9782	Carré (Auguste).
	9685	Javey (Charles).		9783	Coche (Eugène).
	9686	Nérant (Alexandre).		9784	Michonneau (Ernest).
	9691	Saum (Emile).		9786	Ogier (Jean).
	9693	Chauzeix (Victor).		9787	Piedsocq (Paul).
	9695	Granier (Gabriel).		9789	Raimbœuf (Auguste).
	9696	Testault (Eugène).		9790	Mme Raimbœuf (Céline).
	9698	Launay (Léon).		9791	Soustre (Edmond).
	9699	Varin (Henri).		9792	Varnusson (Henri).
	9703	Bauzerr (Etienne).		9793	Mme Varnusson (Pauline).
	9707	Mme Noël (Marie).		9794	Vauxion (Ulysse).
	9711	Desceaves (Edmond).		9796	Puech (Emile).
	9712	Vannier (Gaston).		9797	Chevillard (Félix).
	9713	Sirmain (Jules).		9798	Dousset (Isidore).
	9715	Jonquères (Antoine).		9800	Marquis (Albert).
	9718	Laurent (Georges).	1881	9803	Lieutet (François).
	9721	Delaunay (Désiré).		9806	Leplain (André).
	9724	Martin (Emile).		9807	Michel (Justin).
	9725	Merle (Marc).		9808	Hauton (Achille).
	9727	Pellier (Emile).		9809	Lemaire (Léon).
	9728	Pradier (Henri).		9810	Babillon (Jules).
	9729	Rouvière (Eugène).		9811	Claray (Jean-Pierre).
	9738	Radais (Henri).		9812	Girard (François).
	9741	Ropert (Eugène).		9813	Govin (Fernand).
	9742	Léger (Gaston).		9814	Jeannin (François).

Année d'admission	Nos d'admission	NOMS	Année d'admission	Nos d'admission	NOMS
		MM.			MM
1881	9815	Milleret (Jules).	1881	9889	Geai (Achille).
	9817	Querruel (Eugène).		9890	Martel (Ferdinand).
	9819	Servo (Etienne).		9895	Respaut (Henri).
	9820	Petit (Victor).		9896	Joyeux (Emmanuel).
	9822	Corrager (Jean-Pierre).		9900	Mme Desprez (Elise).
	9823	Lévy (Benjamin).		9905	Gevret (Arthur).
	9826	Lamizet (Auguste).		9908	Delang (Gaston).
	9828	Gasnier (Louis).		9909	Engaigne (Eugénie).
	9829	Ménard (Alfred).		9913	Macé (Fernand).
	9830	Vial (Pierre).		9914	Pouget (Auguste).
	9831	Levèque (Louis).		9915	Vessié (Eugénie).
	9832	Mme Levèque (Louise).		9916	Barriel (Charles).
	9834	Vaillard (Jean).		9917	Tonarelli (André).
	9841	Trapet (Louis).		9918	Valcko (Charles).
	9843	Barrèra (François).		9921	Leclancher (Victor).
	9844	Lebelle (Félix).		9922	Bauer (François).
	9850	Aubrun (Eugène).		9924	Renaux (Arsène).
	9851	Bourquin (Victor).		9928	Bouillol (Simon).
	9852	Bichon (Alfred).		9930	Denis (Jules).
	9853	Bisson (Maurice).		9932	Barbevy (Frédéric).
	9855	Chervet Eugène).		9934	Boutfol (Achille).
	9856	Dubois (Charles).		9936	Montoy (François).
	9857	Giraud (Jules).		9937	Odouard (Zéphirin).
	9859	Hennequin (Gabriel).		9938	Perrier (Maurice).
	9862	Kopezynski (Auguste).		9939	Bauer (Théodore).
	9863	Réaume (Alphonse).		9941	Barreau (Jean-Baptiste).
	9864	Lequesne (Edouard).		9943	Garnier (Justin).
	9865	Maps (Armand).		9944	Pelletier (Charles).
	9867	Palluel (Gabriel).		9951	Mme Chapert (Eléonore).
	9868	Seive (Claudius).		9952	André (Joseph).
	9872	Balazuc (Félix).		9956	Peschet (Adolphe).
	9873	Daniel (Félix).		9957	Naissant (Laurent).
	9874	Lainé (Hector).		9963	Mme Ciara (Pauline).
	9875	Ronsin (Edouard.)		9965	Gillet (Léopold).
	9878	Mauret (François).		9966	Mme Guy (Jeanne).
	9882	Bergerot (Paul).		9967	Legat (Jules).

ANNÉE d'admission	Nos d'admission	NOMS	ANNÉE d'admission	Nos d'admission	NOMS
		MM.			MM.
1881	9972	Vercraene (Léon).	1881	10031	Lamat (Joseph).
	9973	Quentin (Angel).		10034	Aubry (Émile).
	9975	Cuinié (Jean-Baptiste).		10035	Brunet (Émile).
	9976	Marchand (Amand).		10036	Coffre (Désiré).
	9977	Saumonneau (Charles).		10060	Pascal (Henri).
	9978	Mayer (Victor).		10062	Rœhrig (Joseph).
	9980	Gobert (Léon).		10064	Santandrea (Nicolas).
	9984	Mazain (Ludovic).		10068	Vacelet (Maximin).
	9985	Guillot (Léon).		10070	Nouviaire (Adolphe).
	9987	Prudhommeau (Ernest).		10071	Lefèvre (Victorice).
	9990	Bouzon (Léon).		10074	Henry (Félix).
	9992	Cau (Arthur).		10075	Salangros (Alfred).
	9994	Dagorne (François).		10076	Bregains (Alexandre).
	9998	Farault (David).		10077	Courboulin (Eugène).
	9999	Galleano (Pierre).		10082	Dapremont (Eugène).
	10000	Hondier (Edmond).		10084	Lesmayoux (Casimir).
	10001	Jacquenod (Jules).		10085	Paillasson (Victor).
	10002	Lemauviot (Auguste)		10088	Mathey (Jean-Baptiste).
	10004	Litou (Jean-Baptiste).		10089	Pruvost (Constant).
	10010	Pollien (Hippolyte).		10095	Dialberty (Marius).
	10011	Radou (Victor).		10097	Chadourne (Ferdinand).
	10012	Rondot (Isaïe).		10100	Barry (Léon).
	10014	Teyssier (Jean-Baptiste).		10102	Mme Lajouanie (Berthe).
	10019	Morin (Louis).		10103	Tézé (Auguste).
	10029	Provost (Joseph).		10108	Morel (Auguste).
	10030	Rebeillard (Claude).		10109	Hédou (Auguste).
	10031	Sirieix (Jean-Baptiste).		10111	Paradis (Léon).
	10034	Boutron (Georges).		10113	Caffarelli (Jacques).
	10035	Vialla (Émile).		10115	Daullac (Louis).
	10036	Barbier (Auguste).		10116	Fourot (Jean-Baptiste).
	10042	Mme Testo (Nathalie).		10117	Martin (Léon).
	10044	Vincent (Georges).		10118	Basély (Étienne).
	10045	Weiss (Charles).		10120	Cornil (Louis).
	10047	Couture (Charles).		10121	Crétin (Gaston).
	10048	Vincendeau (...ien).		10122	Mme Crétin (Athénais).
	10050	Dagorne (Eug...).		10123	Goursau (Adrien).

Année d'admission	Nos d'admission	NOMS	Année d'admission	Nos d'admission	NOMS
		MM.			MM.
1881	10124	Grente (Auguste).	1881	10197	Delcourt (Antoine).
	10128	Leblond (Édouard).		10198	Malinet (Paul).
	10130	Estivalet (Henri).		10199	Thuault (Félix).
	10131	Mme Estivalet (Sophie).		10201	Poulaud (Henri).
	10132	Aubry (Victor).		10203	Richard (Albert).
	10133	Billaud (Étienne).		10204	Delaume (Ernest).
	10136	Bonnefous (Alexandre).		10207	Defais (Alexandre).
	10137	Bougaud (Nicolas).		10208	Lehenand (François).
	10143	Guérin (Pierre).		10210	Balle (Léon).
	10144	Jarnoux (Étienne).		10213	Bachelet (Louis).
	10145	Mme Poulle (Justine).		10214	Bastel (Paul).
	10147	Salomon (Joseph).		10215	Gouyet (Alphonse).
	10149	Moisant (Eugène).		10217	Block (Edmond).
	10150	Robert (Léon).		10218	Cambot (Rémy).
	10157	Gosset (Eugène).		10220	Cogniard (André).
	10158	Thorel (Gabriel).		10221	Enault (Emile).
	10163	Chaumont (Auguste).		10222	Ferrière (Charles).
	10164	Richer (Auguste).		10223	Gellé (Louis).
	10165	Alaux (Fleuret).		10224	Héricher (Albert).
	10166	Dupuy (Charles).		10225	Josselin (Henry).
	10168	Brille (Émile).		10226	Huvier (Alfred).
	10170	Landot (Charles).		10233	Péters (Pierre).
	10171	Dumont (Charles).		10234	Vogt (Charles).
	10172	Jean (Timothée).		10235	Frion (Amédée).
	10174	Maigne (Georges).		10236	Guillemet (Eugène).
	10175	Maigne (François).		10240	Picard (Eugène).
	10176	Devisse (Désiré).		10243	Schommer (Fernand).
	10177	Mme Devisse (Céleste).		10244	Mme Pochet (Marie).
	10178	Genteur (Victor).		10246	Delaitre (Victor).
	10181	Flourac (Auguste).		10247	Dumand (Émile).
	10183	Boulogne (Jules).		10249	Brosse (Gabriel).
	10186	Rémond (Eugène).		10250	Mme Brosse (Marie).
	10189	Gimel (Antoine).		10252	Ducourtial (Étienne).
	10193	Blandin (Emmanuel).		10253	Cazaux (Joseph).
	10195	Michel (Joseph).		10255	Bastien (Auguste).
	10196	Rosard (Edmond).		10259	Le Bourgeois (Charles).

ANNÉE d'admission	Nos d'admission	NOMS	ANNÉE d'admission	Nos d'admission	NOMS
		MM.			MM.
1881	10260	Barlier (Joseph).	1881	10330	Lagrue (Claudius).
	10261	Basseuil (Alexandre).		10331	Chedville (Louis).
	10265	Simon (Edmond).		10335	Duval (Léon).
	10270	Mme Delort (Léonie).		10337	Hollenderski (Paul).
	10272	Poisson (Charles).		10338	Keller (Eugène).
	10273	Reymond (Joseph).		10339	Lefranc (Lucien).
	10274	Becht (Gabriel).		10343	Mme Maag (Stéphanie).
	10275	Bertheley (Alfred).		10344	Paquis (Alfred).
	10276	Darbois (Camille).		10345	Robert (Hippolyte).
	10277	Riguet (Élie).		10346	Ray (Henri).
	10278	Brésil (Paul).		10350	Carion (Jules).
	10279	Delamare (Alphonse).		10351	Dechène (Jean).
	10280	Mme Delamare (Zoé).		10352	Mme Delamare (Madeleine).
	10283	Favre (Charles).		10354	Morain (Jacques).
	10285	Lafite (Émile).		10355	Rombaux (Édouard).
	10286	Leroux (Eugène).		10359	Durand (Auguste).
	10289	Roy (Charles).		10361	Hiltz (Victor).
	10291	Tremblier (Achile).		10363	Petit (Antoni).
	10293	Vidal (Paul).		10366	Vieuge (Joseph).
	10294	Barthélemy (Auguste)		10369	Parant (J.-Pierre).
	10296	Ozou (Alfred).		10374	Ronillet (Louis).
	10298	Carlin (Jean).		10376	Delecluse (Georges).
	10299	Lemiàre (Émile).		10378	Javet (David).
	10300	Chevalerias (Pierre).		10379	Brisson (J.-Pierre).
	10302	Roy (Louis).		10380	Brisson (André).
	10303	Adam (Charles).		10381	Vergava (Diégo).
	10308	Bourdon (Edmond).		10382	Mme Vergava (Vicenta).
	10312	Delamare (Gustave).		10383	Vergava (Manuel).
	10315	Abraham (Alexandre)		10387	Deroy (Émile).
	10316	Priou (Armand).		10389	Sudre (Henri).
	10318	Wagner (Ernest).		10390	Desloy (Charles).
	10322	Boutserin (Hippolyte).		10391	François (Victor).
	10325	Pérignon (Louis).		10394	Lebourg (Émile).
	10326	Marlio (Arthur).		10397	Baraton (Gilbert).
	10327	Sediey (Jean).		10398	Depardon (Victor).
	10328	Mme Sediey (Raymonde).		10399	Féchoz (Claude).

Année d'admission	Nos d'admission	NOMS
		MM.
1881	10400	Mme Féchoz (Maria).
	10401	Piguet (Henri).
	10403	Hinschberger (Victor).
	10404	Labrune (Georges).
	10406	Riguidel (Basile).
	10407	Sciaux (Auguste).
	10408	Mme Turpin (Berthe).
	10413	Mme Quélon (Marie).
	10414	Marie (Louis).
	10416	Pontet (Joseph).
	10419	Dominique (Albert).
	10421	Tassy (Henri).
	10424	Cambroche (Jules).
	10426	Dumas (Pierre).
	10428	Gunthier (Arthur).
	10432	Brassart (Daniel).
	10434	Assalto (Camille).
	10435	Anger (Ernest).
	10437	Daubanes (Albert).
	10439	Gœbel (Paul).
	10440	Mme Joyeux (Thérèse)
	10443	Guigoz (Jules).
	10446	Robert (Lucien).
	10450	Mme Boursier (Virginie).
	10452	Carchon (Paul).
	10453	Chevenet (Étienne).
	10457	Jahier (Louis).
	10458	Lanier (Édouard).
	10460	Lévy (Georges).
	10462	Brouillard (Georges).
	10463	Détolle (Armand).
	10464	Gélain (Octave).
	10465	Mme Gélain (Marie).
	10469	Portepain (Claude).
	10473	Carayol (Jules).
	10475	Andrieux (Pierre).
1881	10479	Normann (Sophus).
	10480	Pierre (Louis).
	10481	Sénéchal (Raoul).
	10482	Mme Sénéchal (Berthe).
	10483	Mme Félix (Mathilde).
	10484	Sénéchal (Raoul-Louis).
	10486	Varcq (Louis).
	10487	Ruelle (Édouard).
	10488	Dumas (Henri).
	10489	Wennink (Jean).
	10490	Mme Wennink (Marie).
	10491	Bourdon (Henri).
	10496	Bergère (Auguste).
	10502	Courtois (Alphonse).
	10503	Clavier (Jules).
	10504	Richel (Alexis).
	10505	Bazin (Édouard).
	10506	Chauvet (Albert).
	10508	Masson (Henri).
	10512	Veillon (Patrice).
	10513	Kergosien (Louis).
	10515	Bigonville (Marius).
	10517	Choblet (Camille).
	10519	Piglowski (Wenceslas).
	10521	Wallet (Auguste).
	10524	Noal (Gaston).
	10530	Chrétien (Victor).
	10531	Escalier (Georges).
	10534	Lemoine (Georges)
	10536	Nesme (Pétrus).
	10537	Nesme (Claudius).
	10538	Rossignol (Eugène)
	10539	Ruiz (Louis).
	10540	Soulié (Félix).
	10541	Veillon (Émile).
	10542	Dupuy (Gabriel).

Année d'admission	Nos d'admission	NOMS	Année d'admission	Nos d'admission	NOMS
		MM.			MM.
1881	10345	Gratiollet (Antoine).	1881	10599	Biesse (Eugène).
	10346	Larrey (Louis).		10600	Guers (François).
	10347	Taupin (Louis).		10601	Harmand (Louis).
	10348	Mauchien (Eugène).		10602	Marchal (Florent).
	10349	Tavernier (Timothée).		10603	Soullier (Albert).
	10350	Clerbeau (Alfred).		10604	Mme Baud (Célina).
	10352	Marsot (Henri).		10606	Gillet (Jules).
	10353	Buisson (Gabriel).		10607	Guenou (Charles).
	10356	Estoppey (Alfred).		10608	Layat (Alphonse).
	10357	Gallet (Adonis).		10609	Hirn (Georges).
	10358	Hébert (Amon).		10611	Jarry (Alexandre).
	10359	Lahou (Louis).		10612	Jeannin (Edmond).
	10360	Louzon (Félix).		10613	Le Coispellier (Lucien).
	10361	Martin (Virgile).		10614	Mme Legenissel (Marie).
	10362	Ménétrier (Charles).		10615	Richez (Henri).
	10363	Renaud (Eugène).		10616	Auclair (Louis).
	10364	Mme Travers (Eugénie).		10617	Cartier (François).
	10368	Naujac (Jules).		10618	Chapuisot (Henri).
	10371	Thélin (Robert).		10620	Compain (Adrien).
	10374	Clément (Pierre).		10621	De Lanessan (Albert).
	10375	Augé (Théophile).		10622	Mégevand (Jean).
	10376	Barrier (Raphael).	1882	10623	Perney (François).
	10377	Bonnet (Jean).		10624	Vincenot (Raymond).
	10378	Grisel (Charles).		10625	Lecointre (Louis).
	10381	Mme Pinson (Rose).		10628	Finot (Auguste).
	10382	Renault (Victor).		10629	Riffault (Charles).
	10383	Bernard (Jules).		10631	Beuzebosc (Louis).
	10384	Combe (Claudius).		10633	Coullet (Aimé).
	10385	Delacour (Eugène).		10634	Feuillade (Alfred).
	10388	Le Deuff (Olivier).		10636	Lager (Émile).
	10390	Barret (Antoine).		10638	Samuel (Léon).
	10391	Beauvallet (Armand).		10639	Vélie (Georges).
	10392	Chauvin (Félix).		10640	Mme Cambroche (Eugénie).
	10393	Ducerf (Jean).		10641	Guérin (Henri).
	10395	Trouvé (Auguste).		10645	Chastagnol (Pierre).
	10398	Bardin (Joseph).		10646	Delétang (Moïse).

ANNÉE d'admission	Nos d'admission	NOMS	ANNÉE d'admission	Nos d'admission	NOMS
		MM.			MM.
1882	10647	Devulder (Réné).	1882	10705	Panloup (Eugène).
	10649	Moreau (Auguste).		10708	Hurtz (Jean).
	10650	Mme Moreau (Eugénie).		10709	Petelin (Louis).
	10651	Métais (Étienne).		10710	Dolbet (Alphonse).
	10652	Thauraud (Frédéric).		10715	Mollat (Louis).
	10654	Dumant (Charles).		10716	Tendon (Désiré).
	10655	Ély (Marius).		10718	Lefeuvre (Julien).
	10656	Bègue (Étienne).		10720	Vande-Castcele (Alexandre).
	10658	Mme Durand (Julia).		10721	Pilleul (Eugène).
	10659	Scheerer (Antoine).		10722	Rodriguez (Jules).
	10660	Barlot (François).		10723	Lombardin (Rose).
	10662	Hector (Albert).		10725	Fiault (Pierre).
	10663	Lamblot (Louis).		10726	Maguy (Émile).
	10664	Legendre (Octave).		10730	Fourton (Eugène).
	10673	Didelot (Fernand).		10731	Lévy (Eugène).
	10674	Ichdorz (Jean).		10732	Duclos (Frédéric).
	10676	Martin (J.-Baptiste).		10733	Duprez (Paul).
	10678	Verheyen (Eugène).		10735	Noin (Fernand).
	10679	Durand (Joseph).		10736	Ragageot (Louis).
	10680	Laborie (Henri).		10738	Diogon (Michel).
	10681	André (Adrien).		10739	Leroy (Edouar).
	10682	Becht (Alphonse).		10740	Beauverd (Louis).
	10684	Bouillot (Marcelin).		10741	Beyer (Alphonse).
	10685	Guillerot (Eugène).		10742	Boissin (Auguste).
	10686	Maille (Léon).		10743	Lavaur (Octave).
	10688	Chaumont (Gaston).		10711	Proux (Henri).
	10689	Cuenol (Louis).		10745	Bellouche (Alfred).
	10691	Laurent (Adolphe).		10746	Delraine (Eugène).
	10692	Millet (Henri).		10747	Masson (Louis).
	10693	Ponchon (Georges).		10748	Thouvenot (Léon).
	10694	Naveau (Auguste).		10749	Blazeix (Paul).
	10695	Rebour (Émile).		10751	Simond (Joseph).
	10696	Richard (Paul).		10754	Huet (Auguste).
	10697	Roch (Louis).		10755	Lhommais (Jules).
	10699	Samuel (Miran).		10776	Massot (Pierre).
	10701	Decauville (Simon)		10759	Gouzou (Louis).

Année d'admission	Nos d'admission	NOMS
		MM.
1882	10760	Lelièvre (Georges).
	10761	Mourelot (Albert).
	10763	Lasalle (Adrien).
	10768	Luneau (Henri).
	10769	Luneau (Georges).
	10771	Morlet (Ernest).
	10774	Dubourdeau (Auguste).
	10775	Durin (Victor).
	10776	Lévy (Alphonse).
	10777	Brémond (Barthélemy).
	10778	Piedfort (Charles).
	10781	Veyri (François).
	10782	Lechevallier (Jules).
	10784	Piot (Alphonse).
	10785	Bayeux (Eugène).
	10786	Benot (Charles).
	10788	Hervieu (Jules).
	10789	Gay (Victor).
	10790	Lebatteux (Charles).
	10791	Mlle Roux (Alice).
	10792	Wentzo (Léon).
	10793	Zogger (Georges).
	10794	Chrétien (Jules).
	10705	Flamand (Abel).
	10708	Jeannin (Jean).
	10801	Proust (Eugène).
	10802	Thibault (Jules).
	10803	Talin (Pierre).
	10804	Hirtz (Léon).
	10805	Michel-Ange (Georges).
	10806	Anselin (Maxime).
	10808	Villers (Victor).
	10810	Falet (Ferdinand).
	10812	Grenier (Jules).
	10813	Massé (Maurice).
	10814	Priou (Eugène).

Année d'admission	Nos d'admission	NOMS
		MM.
1882	10815	Richard (Eugène).
	10817	Pinaud (Francis).
	10818	Lejoindre (Adolphe).
	10819	Picon (Jules).
	10820	Ravier (Albert).
	10821	Mme Barreau (Marie).
	10823	Fauvet (Richard).
	10825	Giraut (Henri).
	10828	Locarpentier (Alphonse).
	10829	Soulé (Raymond).
	10830	Rames (Henri).
	10832	Guyénet (Léon).
	10833	Cottin (Louis).
	10836	Renard (Jules).
	10837	Mme Renard (Marie).
	10841	Borée (Joseph).
	10842	Charpentier (Léon).
	10843	Coudert (Jean).
	10845	Depoisse (Léon).
	10846	Georgé (Joseph).
	10847	Goubaux (Auguste).
	10848	Low (Martin).
	10849	Massard (Eugène).
	10851	Ribalet (Adrien).
	10853	Vigouroux (Jules).
	10854	Guédon (Gustave).
	10856	Darré (Aimé).
	10857	Debize (Henri).
	10858	Mme Debize (Francine).
	10859	Jouanneau (Gaston).
	10860	Rigaud (Joseph).
	10861	Chevallier (Fernand).
	10862	Roucheux (Fernand).
	10863	Auriol (Henri).
	10864	Cardon (Édouard).
	10865	Hauvet (Alphonse).

Année d'admission	N°s d'admission	NOMS
		MM.
1882	10866	Loriot (Alexandre).
	10867	Mme Roussel (Annette).
	10869	Carrière (Jules).
	10870	Dufresnoy (Louis).
	10871	Flayelle (Alphonse).
	10872	Gillon (Adolphe).
	10874	Aubreri (Jean-Jacques).
	10875	Borot (J.-Baptiste).
	10876	Dechezelles (Marcel).
	10877	Perrin (Louis).
	10879	Carles (Henri).
	10880	Choiselle (Edmond).
	10881	Le Peuch (Joseph).
	10882	Lafée (Albert).
	10883	Mme Lafée (Stéphanie).
	10885	Rouquet (Joseph).
	10886	Cornet (Charles).
	10887	Amaury (L'Hermite).
	10889	Klein (Julien).
	10892	Houline (Félicien).
	10897	Bouvelot (Léon).
	10898	Carrié (Eugène).
	10899	Chauvet (Eugène).
	10902	Demouy (René).
	10903	Duhaut (Armand).
	10904	Hervet (Frédéric)
	10905	Jallet (Claude).
	10906	Lansiart (Alexandre).
	10908	Lévy (Ernest).
	10909	Limoges (Edouard).
	10910	Roucher (Eugène).
	10912	Aldigier (Auguste).
	10913	Garnier (Julien).
	10915	Joly (Charles).
	10916	Lacroix (Colin).
	10917	Lefèvre (Amédée).
		MM.
1882	10918	Mas (Jean).
	10919	Perrillat (Maurice).
	10920	Mme Vidal (Alice).
	10924	Raynaud (Prosper).
	10925	Angot (Jules).
	10926	Martinole (Paul).
	10928	Chardon (Henri).
	10930	Tavenart (Charles).
	10931	Chédeville (Paul).
	10932	Beuzelin (Eugène).
	10933	Beuzelin (Léon).
	10934	François (Firmin).
	10938	Mme Bouzon (Marie).
	10940	Cérat (Henri).
	10942	Deschamps (Antoine).
	10947	Michot (Gustave).
	10948	Mme Michot (Camille).
	10949	Ott (Henri).
	10950	Voldoire (Augustin).
	10951	Quinton (Henri).
	10952	Mme Garnier (Marie).
	10953	Fillaux (Arthur).
	10955	Dubrez (Camille).
	10956	Mme Delcominète (Julia).
	10958	Vuillemin (Elisée).
	10959	Vallée (Henri).
	10960	Dourée (Louis).
	10961	Demouy (Armand).
	10962	Hazard (Ernest).
	10963	Mme Hazard (Alexandrine).
	10964	Fourier (Charles).
	10965	Crattepetit (Emile).
	10967	Gaillard (Auguste).
	10968	Pinchon (Georges).
	10969	Mme Pinchon (Marie).
	10970	Bourdet (Alexandre).

Année d'admission	Nos d'admission	NOMS	Année d'admission	Nos d'admission	NOMS
		MM.			MM.
1882	10972	Guériault (François).	1882	11012	Vieill (Flavien).
	10973	Loric (Mathurin).		11013	Beaujean (Othon).
	10974	Alliaume (Gaston).		11014	Canaple (Aristide).
	10975	Brisebare (Victor)		11015	Champier (Louis).
	10976	Burel (Albert-Félix).		11016	Clerc (Modeste).
	10977	Leconge (Léon).		11017	Guenin (Aristide).
	10978	Marelle (Georges).		11018	Lebert (Charles).
	10979	Mme Perrillat (Jeannette).		11019	Renard (Alfred).
	10980	Rigaud (Edgard).		11020	Grimard (Louis).
	10981	Succaud (Arthur).		11021	Mme Hirn (Marie).
	10982	Richen (Octave).		11022	Juré (Clément).
	10983	Rauquette (Amédée).		11023	Lebatteux (Théodore).
	10984	Desgranges (Henri).		11024	Lefebvre (Charles).
	10985	Rénoy (Maurice).		11025	Lindauer (Henri).
	10986	Giraud (Ferdinand).		11026	Pichard (Henri).
	10987	Wolff (Joseph).		11027	Mauranne (Louis).
	10988	Vauthey (Marcel).		11030	Parmentelas (Charles).
	10989	Beaux (François).		11031	Roux (Edmond).
	10990	Hennequin (Paul).		11032	Tronchon (Achille).
	10991	Reistroffer (Pierre).		11033	Vialore (Justin).
	10993	Alglave (Elie).		11034	Boyer (Ferdinand).
	10995	Lebœuf (Arsène).		11036	Espina (Léon).
	10996	Michel (Charles).		11038	Galtier (Alexandre).
	10998	Thuillot (Henri).		11039	Geneix (Henri).
	10999	Uhr (Alfred).		11040	Panchaud (Louis).
	11000	Beugnion (Henri).		11041	Regot (Isidore).
	11001	Courvoisier (Léon).		11042	Bertucat (Gustave).
	11003	Tribout (Louis).		11043	Escorne (Albert).
	11004	Chevalier (Jules).		11044	Chollet (Léon).
	11005	Mlle Tirot (Madeleine).		11045	Mahler (Henri).
	11006	Boulanger (Henri).		11046	Toulouze (Adolphe).
	11007	Noirot (Eugène).		11047	Laroche (Claude).
	11008	Caudron (Edmond).		11048	Lehmann (Léopold).
	11009	Maincent (Charles).		11049	Draghy (Auguste).
	11010	Essling (Ferdinand).		11050	Charbonnier (Louis).
	11011	Vergand (Henri).		11051	Ehret (Alphonse).

ANNÉE d'ad-mission	Nos d'ad-mission	NOMS	ANNÉE d'ad-mission	Nos d'ad-mission	NOMS
		MM.			MM.
1882	11053	Derocque (Louis).	1882	11092	Védel (Henri).
	11054	Deroque (Louis-Hippolyte).		11093	Dupuy (Henri).
	11055	Schick (Frédéric).		11094	Grajon (Jules).
	11056	Geminet (Jean).		11095	Sibiodon (Félix).
	11057	Lescure (Maxime).		11096	Vautier (Gustave).
	11059	Périé (Eugène).		11097	De Bie (Laurent).
	11060	Beaujean (Louis).		11099	Hemkelmann (Gustave).
	11061	Boulanger (Charles).		11100	Mme Hemkelmann (Sophie).
	11062	Gaillard (Henri).		11101	Ladoux (Émile).
	11063	Piperaud (Jules).		11102	Prieur (Lucien).
	11064	Thiriot (François).		11103	Girault (Émile).
	11065	Chappuis (Charles).		11104	Gouguenheim (Arthur).
	11066	Didier (Claude).		11105	Ibis (Louis).
	11067	Frison (Emile).		11106	Bouché (Jules).
	11068	Thouvenot (Émile).		11107	Minne (Charles).
	11069	Chandèze (Eugène).		11108	Kohler (Alexandre).
	11070	Schneider (Léon).		11109	Baunat (Jules).
	11071	Agulte (Jules).		11110	Dessaux (Jules).
	11072	Mme Deschamps (Marie).		11111	Ducros (Joseph).
	11073	Legouas (Eugène).		11112	Galy (Bernard).
	11074	Mayer (Henri).		11113	Guertner (Jean).
	11076	Coblentz (Alexandre).		11114	Blétel (Léon).
	11077	Jardel (Victor).		11115	Lion (Ferdinand).
	11078	Morcaux (Charles).		11117	Movrel (Modeste).
	11079	Engelander (Léon).		11118	Martin (Charles).
	11080	Petit (Félix).		11119	Doyasbère (Julien).
	11081	Brionne (Octave).		11120	Malheux (Alphonse).
	11082	Mme Molénat (Maria).		11121	Melin (Armand).
	11083	Croux (Lucien).		11122	Ancenay (Camille).
	11084	Gasquet (Achille).		11123	Blanchet (Georges).
	11085	Dussap (Louis).		11124	Bonnin (Antoine).
	11086	Lacour (Fernand).		11125	Dubois (Émile).
	11087	Mme Rebour (Madeleine).		11126	Fourcade (J.-Baptiste).
	11088	Chatagnon (Antoine).		11127	Laborde (Albert).
	11189	Rappalle (Jean).		11128	Lacam (Charles).
	11090	Remy (Marcel).		11129	Lebardier (Séraphin).

Année d'admission	Nos d'admission	NOMS	Année d'admission	Nos d'admission	NOMS
		MM.			MM.
1882	11130	Leroy (Victorin).	1882	11166	M⁰⁰ Defournel (Marie).
	11131	Martin (Louis).		11167	Furet (Auguste).
	11132	Noilhan (Jules).		11168	Prioul (Jules).
	11133	Bleuzet (Henri).		11169	Vielajus (Eugène).
	11134	Courtin (Alphonse).		11170	Anthoine (Ernest).
	11135	Deffeuiller (Jules).		11171	Aspe (Maximilien).
	11136	Lecomte (Gustave).		11173	Dubois (Pascal).
	11137	Prigneau (Gustave).		11174	Haiambourre (Germain).
	11138	Mazain (Alfred).		11175	Dupuy (Louis).
	11139	Barré (Gustave).		11176	Eberhard (Frédéric),
	11140	Foulard (Amédée).		11177	Fichel (Georges).
	11141	Beckmans (Paul).		11178	Leroy (Porphyrio).
	11142	Bourguignon (Abel).		11179	Martin (Paul).
	11143	Bourniou (Félix).		11180	Périgaux (Félix).
	11144	M⁰⁰ Bourniou (Elvire).		11181	Simon (Jules).
	11145	Julien (Charles).		11182	Valter (Célestin).
	11146	Mairel (Émile).		11183	Viterbo (Joab).
	11147	Perret (Pierre).		11184	Hérissey (Albert).
	11148	Nou (Ernest).		11185	Lelarge (Edmond).
	11149	Combaz (Léon).		11186	Loisy (Charles).
	11150	Rodier (Auguste).		11187	Anne (Émile).
	11151	Thomas (Albert).		11188	Arnault (Eugène).
	11152	Isay (Jules).		11189	Barthélemy (Fernand).
	11153	Rey (Paul).		11190	Bouvier (Richard).
	11154	Zipp (André).		11191	Brou (Albert).
	11155	Charbuy (Léopold).		11192	Caillaux (Adrien).
	11156	Langlois (Honoré).		11193	Charnot (Ernest).
	11157	Henry (Alain).		11194	M⁰⁰ Charnot (Louise).
	11158	Montell (Félicien).		11195	Chosson (Charles).
	11159	Veyre (Jules).		11196	Clauss (Chrétien).
	11160	Gautier (Élie).		11197	Courtinat (Auguste).
	11161	Moity (Émile).		11198	Couturas (Noel).
	11162	Pelletier (Alphonse).		11199	M⁰⁰ Culmis (Marie).
	11163	Speich (Eugène).		11200	Desplanque (Ferdinand).
	11164	Bergoënd (Émile).		11201	Dramez (Henri).
	11165	Defournel (Edmond).		11202	Dupont (Georges).

ANNÉE d'admission	Nos d'admission	NOMS	ANNÉE d'admission	Nos d'admission	NOMS
		MM.			MM.
1882	11203	Ement (Louis).	1882	11239	Vérité (Auguste).
	11204	Fenoyer (Émile).		11240	Vialatte (Louis).
	11205	Fessard (Georges).		11241	Viltard (Eugène).
	11206	Fulda (Féodor).		11242	Vuillemot (Léon).
	11207	Gentil (Alfred).		11243	Ymonet (Maurice).
	11208	Goffy (Frédéric).		11244	Bordier (Alfred).
	11209	Gosset (Edmond).		11245	Icard (Gabriel).
	11210	Guariepuy (Henri).		11246	Negrel (Auguste).
	11211	Guérin (Louis).		11247	Schoumacher (Fernand).
	11212	Hopkins (Édouard).		11248	Augustin (Francisque).
	11213	Isaac (Marius).		11249	Duguay (Félix).
	11214	Mᵐᵉ Jarnoux (Clémentine).		11250	Simon (Fortuné).
	11215	Jeandin (Camille).		11251	Gerber (Pierre).
	11216	Kistner (Jean).		11252	Guillemot (Paul).
	11217	Leclercq (Henri).		11253	Bralé (Louis).
	11118	Lesty (Alfred).		11254	Chatillon (Jules).
	11219	Magaud (Auguste).		11255	Decrouen (Eugène).
	11220	Marchandise (Paul).		11256	Desvals (Auguste).
	11221	Masslas (Henri).		11257	Guers (Ernest).
	11222	Matté (Eugène).		11258	Lavaudier (Camille).
	11223	Michaux (Georges).		11259	Pécot (Édouard).
	11224	Minet (Eugène).		11260	Raine (Ferdinand).
	11225	Monnier (Hippolyte).		11261	Serquier (François).
	11226	Muckansturm (Aloïse).		11262	Amiell (Pierre).
	11227	Mme Paquin (Alice).		11263	Coëlle (Eugène).
	11228	Pascal (François).		11264	Bizot (Charles).
	11229	Paulin (Gilbert).		11265	Boige (Ernest).
	11230	Praly (Bernard).		11266	Bollach (Edmond).
	11231	Provent (Henri).		11267	Oullier (Jules).
	11232	Puel (Jean).		11268	Baudoin (Gaston).
	11233	Puyhardy (Jean).		11269	Jacquemard (Adrien).
	11234	S'arroman (Paul).		11270	Mariotte (Charles).
	11235	Still (Jacques).		11271	Mme Assalto (Pauline).
	11236	Tellier (Eugène).		11272	Rotté (Émile).
	11237	Tondereau (Charles).		11273	Alix (Ernest).
	11238	Vacossin (Louis).		11274	Sax (Jean).

Année d'admission	Nos d'admission	NOMS	Année d'admission	Nos d'admission	NOMS
		MM.			**MM.**
1882	11275	Chaumier (Pierre).	1882	11311	Baud (Jean).
	11276	Jarreau (Auguste).		11312	Plantier (Auguste).
	11277	Rippe (Pierre).		11313	Baer (Jules).
	11278	Chotin (Edouard).		11314	Bayel (Léopold).
	11279	Richard (Charles).		11315	Cattelain (J.-Baptiste).
	11280	Leroy (Jules).		11316	Ebendinger (Alphonse).
	11281	Badard (Arthur).		11317	Geffroy (Paul).
	11282	Met (Gustave).		11318	Idrac (Clément).
	11283	Naud (Louis).		11319	Leseigneur (Louis).
	11284	Soliage (Antoine).		11320	Mme Leseigneur (Eugénie).
	11285	Toustard (Eugène).		11321	Morel (Emile).
	11286	Dolizy (Ernest).		11322	Peltier (Léon).
	11287	Freydier (Eugène).		11323	Quiney (Armand).
	11288	Heer (Georges).		11324	Dissous (Pierre).
	11289	Lorouet (Maurice).		11325	Certain (Eugène).
	11290	Raoux (Jean).		11326	Dufour (Paul).
	11291	Kiffre (Émile).		11327	Fauveau (Francis).
	11292	Beaudoin (Alfred).		11328	Bigay (François).
	11293	Mme Beaudoin (Denise).		11329	Crouzy (Gustave).
	11294	Hostalier (Lucien).		11330	Cussey (Victor).
	11295	Benoit (Léon).		11331	Jocher (Albert).
	11296	Ducas (Firmin).		11332	Pascal (Ambroise).
	11297	Estève (Eugène).		11333	Lebert (Edmond).
	11298	Girard (Auguste).		11334	Dasprat (Auguste).
	11299	Leroy (René).		11335	Bienvenu (Paul).
	11300	Sulzer (Raphaël).		11336	Bonhenry (Jules).
	11301	Guillay (Ernest).		11337	Goujon (Joanny).
	11302	Honoré (Henri).		11338	Le Bunetel (J.-Baptiste).
	11303	Kenvegnin (Emond).		11339	Ribaud (Joseph).
	11304	Le Peuch (J.-Marie).		11340	Bachofeu (Henri).
	11305	Maillard (François).		11341	Gleizal (Jean).
	11306	Morand (Eugène).		11342	Gabillon (Ernest).
	11307	Mercier (Auguste).		11343	Grégoire (Joseph).
	11308	Pfleger (Georges).		11344	Gouguenheim (Ernest).
	11309	Tessier (Émile).		11345	Lefèvre (Eugène).
	11310	Vinot (Émile).		11346	Loulier (Fernand).

Années d'admission	Nos d'admission	NOMS	Année d'admission	Nos d'admission	NOMS
		MM.			MM.
1882	11347	Mallard (Gaston).	1882	11362	Mme Choblot (Marie).
	11348	Mme Mallard (Marie).		11363	Machin (Jean).
	11349	Charlot (Adolphe).		11364	Albucher (Guillaume).
	11350	Guillou (Henri).		11365	Bin (Élie).
	11351	Lack (Georges).		11366	Bloch (Léon).
	11352	Lampin (Charles).		11367	Franck (Salomon).
	11353	Cunéo (François).		11368	Dupuy (Edmond).
	11354	Drevelle (Louis).		11369	Leticho (Charles).
	11355	Niclausse (Charles).		11370	Wallart (Emile).
	11356	Vidailhet (Louis).		11371	Limonoff (Charles).
	11357	Argy (Henri).		11372	Pilet (Émile).
	11358	Fondrion (Georges).		11373	Mme Pilet (Antoinette).
	11359	Massin (Marcel).		11374	Mme Wontzo (Céline).
	11360	Méritet (Maurice).		11375	Boussais (Henri).
	11361	Petit (Victor).			

MEMBRES PARTICIPANTS ADMIS DEPUIS
LE 1er JANVIER 1883.

Année d'admission	Nos d'admission	NOMS	Année d'admission	Nos d'admission	NOMS
		MM.			MM.
1883	11376	Anthonioz (Pétrus).	1883	11409	Mignon (Félix).
	11377	Brain (Jules).		11410	Pouron (Eugène).
	11378	Delville (Ernest).		11411	Simon (Constant).
	11379	Denin (Eugène).		11412	Starck (Paul).
	11380	Félix (Jules).		11413	Thiébault (Arthur).
	11381	Gorée (Fernand).		11414	Thiéry (Jules).
	11382	Lebrun (Nicolas).		11415	Adrian (Louis).
	11383	Marguenot (Hippolyte).		11416	Grégoire (Eugène).
	11384	Masson (Hippolyte).		11417	Sikendorff (Paul).
	11385	Peuvrel (Adolphe).		11418	Boulu (Paul).
	11387	Vautor (René).		11419	Cibot (Paul).
	11388	Romieux (Edouard).		11420	Dorison (Ernest).
	11389	Diaume (François).		11421	Frisot (Edouard).
	11390	Duhaut (Auguste).		11422	Guyot (Charles).
	11391	Fromentin (Emile).		11423	Ily (Henri).
	11392	Michaut (Charles).		11424	Lamotte (Eugène).
	11393	Maillaud (Firmin).		11425	Marchandon (Alfred).
	11394	Legrand (Jules).		11426	Mercier (Léon).
	11395	Le Lay (Louis).		11427	Lévy (Lucien).
	11396	Poyeau (Camille).		11428	Thouroude (Amédée).
	11397	Deckmyn (Constantin).		11429	Vallé (Prosper).
	11398	Mme Deckmyn (Clémence).		11430	De Lavilleon (Alfred).
	11399	Vandemerghel (Auguste).		11431	Mme de Lavilleon (Marie).
	11400	Morel (Louis).		11432	Contal (Eugène).
	11401	Tripault (Arthème).		11433	Re... dic (Fernand).
	11402	Lamartinière (Fernand).		11434	Chevaillot (Fernand).
	11403	Hirtz (Louis).		11435	Santa-Maria (Estéban).
	11404	Nex (Louis).		11436	Lecomte (Alphonse).
	11405	Coen (Ursin).		11437	Valentin (Léon).
	11406	Olagner (Jean).		11438	Ségur (Charles).
	11407	Augot (Alphonse).		11439	Bénard (Paul).

Année d'admission	Nos d'admission	NOMS	Année d'admission	Nos d'admission	NOMS
		MM.			**MM.**
1883	11440	Mallard (Jules).	1883	11466	Anselin (Alexandre).
	11441	Martin (François).		11467	Varney (Georges).
	11442	Pillonel (Félicien).		11468	Mme Varney (Marthe).
	11443	Sallé (Armand).		11469	Drouin (Louis).
	11444	Andrieux (Paul).		11470	Maheu (Edmond).
	11445	Marie (Pierre).		11471	Soubzmain (Marcel).
	11446	Lejoncourt (Edouard).		11472	Duhon (Joseph).
	11447	Besnard (Louis).		11473	Falloney (Emile).
	11448	Blanchard (Olivier).		11474	Lefebvre (Hippolyte).
	11449	Bleuez (Jules).		11475	Chastel (Gaston).
	11450	Boulanger (Henri).		11476	Pion (Jules).
	11451	Braun (Jules).		11477	Bourdon (Louis).
	11452	Cassard (Henri).		11478	Aldabe (Victor).
	11453	Chanhomme (Maurice).		11479	Gautier (Georges).
	11454	Cherbetian (Nicolas).		11480	Vavasseur (Gaston).
	11455	Conrad (Georges).		11481	Bonnet (Louis).
	11456	Dagoury (Louis).		11482	Jacquemont (André).
	11457	Dangeville (Rémy).		11483	Borie (Jules).
	11458	Dejouy (Louis).		11484	Mme Bouillol (Marie).
	11459	François (Arthein).		11485	Champmezière (Paul).
	11460	Gagélin (Eugène).		11486	Chevalier (Jules).
	11461	Henry (Alcide).		11487	Czarnecki (Félix).
	11462	Lefèvre (Gabriel).		11488	Dalou (Camille).
	11463	Millochau (Florent).		11489	Jourdan (Philippe).
	11464	Rouzaud (Paul).		11490	Lion (Lucien).
	11465	Terrillon (Hippolyte).		11491	Mme Peuvrier (Marie).

OUVRAGES

offerts à la Bibliothèque de la Mutualité Commerciale

Pendant l'année 1882.

PAR

MM.

Mme la comtesse Agénor de Gasparin	5 vol.
M. A. S. Morin.	10
Eug. Pitou	1
Tharel.	47
Frédéric Passy	3
Frette	2
Total. . . .	68

BIBLIOTHÈQUE

Les dons en argent ou en volumes destinés à favoriser le développement de notre Bibliothèque sont reçus au Siège social, 5, rue de la Banque, et par les Délégués, qui sont munis de listes de souscription.

EXTRAIT DU RÈGLEMENT DE LA BIBLIOTHÈQUE.

Observations générales.

Le Comité de la *Mutualité commerciale*, voulant étendre les bienfaits de la Société au plus grand nombre possible de sociétaires, et alléger par la lecture les tristes loisirs des sociétaires malades, a l'intention de confier une partie de ses ouvrages aux membres de la Société. — Dans toutes les bibliothèques populaires, le plus grand écueil est le prêt des livres. Soit qu'il y ait indifférence ou mauvaise foi de la part du lecteur, souvent les livres prêtés disparaissent et leurs places restent vides dans les rayons de la bibliothèque. — Le Comité, jaloux tout à la fois de faire la part la plus large à ceux qui aiment la lecture, et desireux aussi de conserver les livres qu'il a pu se procurer, doit s'entourer des moyens les plus pratiques pour éviter la perte des ouvrages qui lui sont confiés.

Le Comité espère toutefois que les règlements qui suivent n'auront jamais besoin d'être appliqués dans leur rigueur, confiant qu'il est dans la sagesse et la bonne foi de ceux pour qui le livre est un ami.

Livres prêtés au dehors.

Art. 14. — Tout sociétaire désirant emporter un livre chez lui devra déposer au bibliothécaire la somme de 5 francs, somme qui lui sera remise à sa première demande, lorsqu'il cessera d'avoir des livres en sa possession.

Art. 15. — Les encyclopédies, dictionnaires, collections ou livres importants, qui seront mentionnés dans le Catalogue par un astérique devant chaque ouvrage, ne pourront être consultés que sur place.

Art. 16. — Un livre ne pourra être gardé plus de *quinze jours*. Cette période passée *le lecteur deviendra débiteur envers la bibliothèque* de 10 centimes *par jour de retard*. — Cette amende devra être payée en rapportant les livres. — Les sommes réunies par ce moyen seront versées à la caisse de la bibliothèque, et le produit destiné à l'achat d'autres volumes.

Art. 17. — Tout sociétaire qui, étant avisé après l'expiration des délais réglementaires, ne rapportera pas le volume qu'il détient, sera suspendu de son droit d'emporter des livres et de les lire à la bibliothèque, jusqu'à ce qu'il ait régularisé sa position.

Art. 18. — Les dégradations aux volumes, planches, reliures, etc., sont à la charge des sociétaires qui les ont commises. Les sociétaires qui auront égaré ou perdu un volume et qui n'en paieront pas le montant dans le délai de quinze jours, pourront y être contraints par les voies de droit.

Art. 19. — Les livres étant la propriété exclusive de l'ensemble des sociétaires de la *Mutualité commerciale*, nul ne peut détourner un ou plusieurs volumes au préjudice de la Société, sans commettre un abus de confiance prévu par les lois pénales.

Art. 20. — Si un sociétaire rapporte un livre endommagé, il devra en rembourser la valeur ou payer les frais de réparations qui lui seront imputables, avant d'en recevoir un autre.

Art. 21. — Tout sociétaire, désirant l'acquisition d'ouvrages ne figurant pas dans le catalogue, en pourra faire la demande sur un registre spécial, déposé dans la salle de la bibliothèque.

Le Comité statuera.

Art. 22. — A chaque Assemblée annuelle, il devra être fait un rapport sur la situation générale de la bibliothèque.

Art. 23. — Tout sociétaire qui emportera un livre pour lire chez lui, recevra un règlement pour qu'il n'ignore pas les devoirs qui lui incombent.

Art. 24. — Le présent règlement sera affiché dans la salle de la bibliothèque.

RÉSULTAT DES ÉLECTIONS

Pour le renouvellement partiel du Comité

ANNÉE 1883.

11 MEMBRES A ÉLIRE

LE NOMBRE DES VOTANTS A ÉTÉ DE 548

Sont nommés :

MM.		voix
DUBASTY, Joseph.	Maison des Fabriques de France.	419
CHARDIN, Joseph.	— de la Place Clichy.	441
SALVAN, Edmond.	— du Bon Marché.	436
BRENOT, Paul.	— du Petit-Saint-Thomas.	409
FREYERMOUTH, Célestin.	8, rue des Quatre-Vents.	402
LOUCHART, Jules.	Maison Lefrère.	380
SECRETIN, Alexandre.	— de la Ville de St-Denis.	335
JOLLY, Louis.	— Eude, Chanée et Cⁱᵉ.	283
ROSEL, Emile.	— du Grand Condé.	269
DELILLE, Amédée.	— A. Suzor.	216
DELAUME, Ernest.	— du Tapis Rouge.	210

Ont obtenu ensuite :

MM.		voix
DUSSERRE, Hippolyte.	Maison du Printemps.	207
DELVILLE, Désiré.	— du Louvre.	195
DELARUE, Georges.	— A l'Opéra.	173
GABET, Gustave.	— des Filles-du-Calvaire.	137
VERMOND, Joseph.	— Rattier et Roche.	123
PAILLASSON, Victor.	— de la Ville de Lyon.	112
MARTIN, Emile.	— de la Cour Batave.	107
POTHIER, Auguste.	— Deplerre, Vergne et Roubaudi.	93
DERAYMOND, Achille.	— de Pygmalion.	91
BAUNAT, Jules.	— du Crédit Lyonnais.	90
BAYEUX, Eugène.	61, rue d'Hauteville.	74
MICHEL, Justin.	Maison A. Grellou.	74
GASSELIN, Arsène.	— Outin.	59
MEURDRAC, Charles.	— A. Beffre.	42
PALLUEL, Gabriel.	— J. Pézieux et fils.	39
OBERLIN, Ernest.	— A. Carton.	31
BAUZERR, Etienne.	— Water frères.	29

MEMBRES DU COMITÉ

EXERCICE 1883

PRÉSIDENT

MM.

Thézard, Gaston — Maison A. Morand et Cie.

VICE-PRÉSIDENTS

Durignieux, Jules — 5, rue de la Fidélité.
Cocquelin, Auguste — Maison Ve Dellon et Philippon.

TRÉSORIER

Bochut, Simon — Maison Guyon et Héloin.

TRÉSORIER-ADJOINT

Chauvin, Léopold — Maison Tissier, Bourely et Ce.

SECRÉTAIRES

Freyermouth, Célestin — 8, rue des Quatre-Vents.
David, Augustin — Maison Neveu.
Dubasty, Joseph — — des Fabriques de France.
Vitel, Achille — — Vitel et Ce.

MEMBRES

Trouvé, Edouard — Maison du Louvre.
Malérot, André — — Cabagne et Favrot.
Double, Camille — — du Bon Marché.
Lote, Félix — — des Fabriques des Vosges.
Lajouanie, Paul — — de Saint-Joseph.
Jacquinot, Adolphe — — Maurice Bauer.
Monnier, Eugène — — du Marché Lenoir.
Jouy, Achille — 37, boulevard Saint-Martin.
Hannkiewicz, Alexandre — Maison Cuisin.
Rougé, Léon — — du Petit-Saint-Thomas.
Asselbourg, Victor — — P. Leclerc.
Philippe, Charles — — du Louvre.
Ponge, Gaston — — A. Gombrich et Fils.
Dreugnot, Paul — — Mittler ainé.
Chevalier, Auguste — 20, rue Cadet.
Chardin, Joseph — Maison de la Place Clichy.
Salvan, Edmond — — du Bon Marché.
Brenot, Paul — — du Petit-Saint-Thomas.
Louchart, Jules — — Lefrère.
Secretin, Alexandre — — de la Ville de Saint-Denis.
Joly, Louis — — Eude, Chanée et Ce.
Rosel, Emile — — du Grand Condé.
Delille, Amédée — — A. Suzor
Delaume, Ernest — — du Tapis Rouge.

Paris-Imp. PAUL DUPONT, 41 rue Jean-Jacques-Rousseau. 728.5.83.